体教融合视域下
体育教学创新与实践研究

TIJIAO RONGHE SHIYUXIA
TIYU JIAOXUE CHUANGXIN YU SHIJIAN YANJIU

张高飞　著

中国农业出版社

北　京

本书为河南省哲学社会科学规划项目"新时代体教融合的现实困境与协同发展研究"（立项编号：2022BTY028）阶段性成果。

前言 FOREWORD/////////////

高校体育作为国家体育的重要组成部分，是提高全民健康水平的关键，也是全面发展时代新人、培育竞技体育人才的重要途径。二十世纪八十年代，我国便提出以体教结合培养竞技体育后备人才，经过几十年的摸索实践后取得了一定成果。体教融合，理念先行。体育和教育部门要在学校体育教育的教学机制、教育理念、教学方法、教学条件以及社会参与等方面进行联动，一体化设计，一体化推进，一体化落实。与此同时，还需要确立学校体育的重要地位。体育部门要主动融入学校体育，在提高体育课质量、开展业余训练、举办赛事方面发挥作用。此外，还应积极对接社会、市场，使体育与教育的融合产生"1＋1＞2"的效果。

随着 2008 年我国首次成功举办奥运会，我国竞技体育事业走向一个新的发展阶段，体育管理改革进一步深化，体教结合的人才培养模式也得到了同步提升，即体教融合——转变教育观念，树立大教育观；转变部门职能，充分发挥学校体协作用；转变管理机制，构建训练管理运行机制；转变项目布局，与奥运战略衔接；转变竞赛目的，重构竞赛体系；转变筹资渠道，加强学校竞赛市场开发。

全书共六章：第一章体育教学概论，第二章高校体育从体教结合到体教融合的发展转变，第三章体教融合视域下高校体育教育教学体系的创新与发展，第四章体教融合视域下高校体育教育教学方法的创新与发展，第五章体教融合视域下高校体育教学手段的创新与实践，第六章体教融合视域下高校体育教学模式的实践与创新。

由于水平有限，本书难免存在疏漏之处，敬请广大读者多提意见建议。

著　者

2023 年 10 月

目录 CONTENTS ///////////

第一章 CHAPTER ONE

体育教学概论

体育教学是高校教育的重要组成部分，其在新的历史时期具有积极的意义。

第一节　体育教学的概念与目标

一、体育教学的概念

（一）体育的概念和质功能

在古希腊，与现在的体育运动类似的活动被称为体操。当时的体操几乎包括所有的身体锻炼，如跳跃、投掷、跑步、拳击等。而在我国古代，和现在的体育运动相似的活动一般被称为导引或武术等。

"体育"一词最早出现在 1760 年，指的是对儿童的身体进行培养与训练。1762 年卢梭首次使用了"体育"一词来描述对儿童进行教育的过程。19 世纪时，教育比较发达的国家开始使用"体育"一词。由此可见，体育产生于教育，其最早的含义是在教育过程中的一种专门领域。

自 19 世纪以来，体育就逐步成为教师开展身体教学的专门术语。第二次世界大战结束后，对体育运动的理论外延进行了拓宽，虽然很多研究者意识到了体育运动并不仅属于教育领域，但是由于体育自身的复杂性，加之不同研究者的思想、方法论等都存在着相当的不同，所以学界对体育运动理论范围的理解并不一致。从现实中运动的实际角度来看，可以对运动的理论范围进行如下界定：运动是以体力运动为基本方式方法，以增进个人的身心发展与精神健康活动、促进社会文明进步为主要目的的一项社会文化行为。

体育的质功能大致有 3 类，即自然质功能、结构质功能和系统质功能，具体介绍如下。

1. 体育的自然质功能

体育的自然质功能说的是体育具有促使人身心成长的作用。具体表现在以下几点：①运动可以提高身体心血管系统的机能程度；②运动可以帮助人调节和维护身体健康；③运动可以提高呼吸系统功能；④运动对少儿的骨骼、肌肉等的生长有促进作用；⑤运动有助于人体推迟老化，改善人的生命品质。

2. 体育的结构质功能

体育的结构质功能主要表现为德育功能与娱乐功能。

德育功能主要体现为以下几点：①教导体育文化常识；②教导最基本的生存技能；③教导社会规范，以推动社会文明。

娱乐功能主要体现为以下几点：①促进学习者娱乐素养的提高；②学会体育娱乐的表现形式。

3. 体育的系统质功能

体育的系统质功能主要分为以下 3 种。

（1）政治功能。体育的政治价值是客观存在的，它主要体现在以下 4 个方面。①塑造国家形象。运动员参与国际赛事并在国际赛事中取得好成绩，能够提升国家形象，提升民族自尊心与自信心，向世界展示一个国家的政治、经济、文化等发展水平。②为外交服务。体育运动能够超越语言与社会习俗等的限制，使不同地域、不同国家的人进行交流，从而促进外交，为外交服务。1971 年我国就曾开展过"乒乓外交"，并取得了较好的外交成就。③表达政治立场。体育可以作为一个国家表达政治立场的手段，如 1960 年韩国进入奥运会，朝鲜宣布退出奥运会，以表明自己的政治立场。④促进社会和谐。体育运动富有群众性，可以为群体性聚会创造平台，有助于民众实现社交功能，提高民众的向心力，从而推动社会和谐。

（2）经济功能。经济功能是体育的一项重要功能，现在有越来越多的人认识到了体育的经济功能。体育的经济功能主要表现在体育运动能够带来巨大的经济收益，如赞助收益、赛事转播收益、体育彩票收益、比赛门票收益等。

（3）军事功能。体育运动和军事知识、技能等融合，形成了军事体育。体育的军事功能即军事体育所具有的功能，具体功能如下。①身心训练功能。身心训练功能指的是通过体育活动对军人进行身心素质教育，以不断提升其各方面的综合素质。现代军事体育的身心训练功能主要体现在军人的素质教育、心理健康与发展智力等方面。②职业教育功能。军人需要掌握特殊的职业技能，包括射击、武装越野、爬山、擒拿格斗等，这类技能可以通过体育训练获得。③军营文化功能。体育运动是传统文化教育的主要内容，军事体育的军营文化功能是通过以下方式来完成的。一方面，现代体育运动可以减轻士兵的神经压力和脑力疲惫；另一方面，士兵通过参加体育锻炼，可以提高自身的自豪感、创造力。

（二）教学的概念

教学是一种动态行为，可以从宏观与微观2个角度来理解。

1. 宏观角度

从宏观角度看，教学是特殊的教育活动，是教育者选择一种或多种文化作为对象，对受教育者进行教育，从而使其获得文化的活动。教学的主体是教育者与受教育者。

2. 微观角度

从微观角度看，课堂是一个老师讲授、学生阅读的过程，老师是课堂的引导者、教学的参与者和知识的传递者，学生是课堂的主人和知识的接收者。教育是以一定的教育为内容的各种教和学的行为。

（三）体育教学的概念分析

体育运动课程是面向体育运动实施的一项教学，涉及运动课程对象、教学方法、课程评估等方面，是一门特殊的教育课程。它从生物科学、教育学、心理学和社会学的课程中汲取知识，开发儿童体能，提高他们的心理健康，促进他们的健康成长。从实质上讲，体育运动课程是在校园环境内开展的一项活动，其参加者为体育教师和学校，其目的是增进学生的健康和全面发展。具体体育运动课程的项目主要包括在老师的引导和帮助下，学生熟悉和掌握与运动有关的知识、运动技术等。

（四）体育教学的结构

体育教学的结构主要包括内部结构与外部结构，下面对其进行具体分析。

1. 体育教学的内部结构

体育教学的内部结构是动态的，其要素主要包括学生、体育教师、体育教材和体育教学目标。

（1）学生。学生不仅是体育教学的主体，也是教育创新的主体。在进行体育教学时，必须重视学生的主体地位，激发学生学习的主动性与积极性，并引导学生进行教育创新。

（2）体育教师。体育教师是体育教学过程中的重要引导者，体育教师的角色具体可以分为以下几种。①传授者。体育教师应向学生传授运动知识，帮助学生正确地认识体育，使学生养成良好的体育锻炼习惯。②组织者。体育教师应具有较强的组织能力，能够组织开展教学活动。③控制者。体育教师应具备较强的控制能力，能够控制学生的各种活动，保障体育教学的有序开展。④合作者。体育教学是一个互动的过程，需要教师与学生彼此配合。教师在体育教学中扮演着合作者的角色，应平易近人，与学生和谐相处。⑤创造者。体育教师应从学生的实际出发，创造性地调整教学方法与技巧，更好地完成体育教学任务。⑥心理治疗者。在日常生活学习中，学生难免出现各种心理问题。一旦学生心理负担过重，就会干扰他们的学业和日常生活。因此体育教师要及时发现他们的问题并与他们交流，做学生心灵的护理者，协助他们减轻心灵负担，帮助他们保持身心健康。

（3）体育教材。体育教材是实现体育教学目标的主要途径，在体育教学中占据着重要的地位。在选择体育教材时必须抱着认真、仔细的态度。教材的内容应具有一定的趣味性，有益于学生身心的健康发展。

（4）体育教学目标。体育教学目标能够指导体育教学的发展，体育教学目标具有教育功能、健身功能、娱乐功能、促进社会发展功能等。体育教师必须重视体育教学目标，依据体育教学目标进行教学。

2. 体育教学的外部结构

体育教学的外部结构是按照学校教育的结构层次划分的，可以分为以下 4 种类型。

（1）学前体育教学。学前体育教学即幼儿体育教学，是对 3～6 岁的儿童进行的体育教学。

学前体育有 3 层内涵：①生理层面，即幼儿身体的自然力；②精神层面，即幼儿素质成长的特点、目标和能力；③心灵层面，即幼儿的社会实际行为和主体生活行为相互联系的纽带。

（2）初等体育教学。初等体育教学也叫小学体育教学，教育对象是 7～13 岁的儿童。初等体育教学的基本目标包括 4 类，即体育发展目标、认识目标、情感目标和知识目标。其特征大致为趣味化和游戏化。

（3）中等体育教学。中等体育教学是初等体育教学向高等体育教学过渡的阶段，是整个体育教学体系中比较特殊的阶段。中等体育教学的目标是调动学生的积极性与主动性，维护学生的身体健康，促进学生的全面发展，帮助学生养成终身体育的意识。

中等体育课程的特点主要有 4 点：①有利于学生身心健康；②有利于学生心理健康素质的提高；③有利于学生社会适应能力的提高；④有利于学生了解体育运动知识。

（4）高等体育教学。高等体育教学是高等院校的主要内容，其任务具体如下：①引导学生学会体育基本知识，掌握相关技能；②促进学生身体素质的提升，强化学生适应自然与社会的能力；③增强学生的体育能力；④帮助学生养成终身体育的意识；⑤提升学生的运动技能。

二、体育教学的目标

（一）体育教学的具体目标

体育教学的具体目标主要有 4 个：一是增强体质、促进健康，二是丰富社会文化生活，三是提高运动技术水平，四是提升国民素质。具体阐述如下。

1. 增强体质、促进健康

增强体质、促进健康是体育教学的根本目标。体育运动能够使身体的各个部位得到锻炼，使身体各方面的能力得到提升，从而有效增强体质，预防疾病，维护身体健康，延长寿命。同时，体育运动还能够帮助人发展体能，塑造形体。也可以说，健康是增强体质的基础，增强体质是健康的进一步发展。

要想增强体质、促进健康，需做到以下几点：①重视体育锻炼；②注意补充营养；③养成良好的生活习惯；④选择合适的运动方式；⑤坚持科学锻炼，做到劳逸结合。

2. 丰富社会文化生活

在人的物质需求得到满足后，人们对精神文化方面的需求就越来越大，越来越多的人开始参与体育运动。丰富多样的体育运动逐渐渗入了人们的日常生活，也逐渐构成了丰富多彩的社会文化生活。

丰富多彩的社会文化生活是人类经济社会进步发展的必然要求，而体育运动对于全社会人民来说，在扩大社会交往、增进人与人之间的联系、增强团结合作、形成良好的社会风尚，从而推动社会精神文明建设等方面有着巨大的意义。

丰富社会文化生活要借助这样的途径来进行：①活动，指人们通过参加运动实践来感受运动的快乐；②观赏，指人们通过观看体育节目、表演活动来体验体育的美，从而获得自己的审美感受。

3. 提高运动技术水平

一个国家的运动技术水平的高低是国家综合国力、体育发展水平、精神文化状态等的重要反映。世界各个国家都十分重视运动技术水平的提升，希望在国际赛事中取得好成绩。而提高运动技术水平是体育锻炼的目的之一，很多运动员都将取得冠军作为自己的职业目标。

提高运动技术水平对体育事业的发展具有积极的意义，主要体现在体育运动技术水平的提升能够使体育运动朝着更广泛、更深入的方向发展。

4. 提升国民素质

体育运动具有突出的教育意义，提升国民素质也是其目的之一。体育运动尤其是运动竞赛能够培养与磨炼人的意志，有助于人的勇敢、坚韧、拼搏、吃苦耐劳等精神的培养。

（二）实现体育目标的要求

要实现体育目标，需做到以下几点。

第一，要对体育目标有充分的理解与把握，同时要将体育目标作为核心。

第二，要不断进行实践，并在实践中将体育目标分解成满足以下要求的目标体系：具体的，可操作的，分层次的，有标准的。

第三，应认识到体育目标是为体育目的服务的，厘清体育目标与体育目的之间的关系，不能混淆两者的概念，不能用目的代替目标，否则就可能会设置没有可操作性的、缺乏具体标准的、过于片面的体育目标，并可能导致最终的体育教学目的无法实现。

第二节　体育教学的特点与功能

一、体育教学的特点

体育教学的特点是比较鲜明的，具体包括以下几点。

（一）体育教学环境的开放性

一般的教学活动都是在室内进行的，而体育教学活动多是在室外的场所进行。当前我国的体育教育以实践课为主，教学场所通常是操场，教学空间富有变化，环境相对开放，具有鲜明的开放性特点。

体育教学环境的开放性决定了学校体育教学具有不同于一般室内教学的特殊要求，因此学校在开展体育教学活动时，需要注意以下几点。

第一，室外运动要受到气候、地势、周边设施等的限制，所以运动的组织工作会比较烦琐。老师应该精心设计和规划课程的进行方式、过程，保证体育教学活动有条不紊地进行。

第二，由于室外教学活动是动态的，而学生会处于不断变化的运动中，所以教师可以使用分组教学。

第三，参与体育运动可能会使学生受伤，教师应做好相关的安全教育工作。

（二）体育教学过程的直观性

体育教学过程是以身体活动为主的，因此具有直观性的特点，其直观性主要表现在教学内容讲解、动作技能示范与教学组织管理 3 个方面。

1. 教学内容讲解的直观性

在体育教学中，教师的讲解是生动、形象且具有画面感的，教师富有一定的肢体表现能力。教师会将复杂的技术动作用生动、形象的语言讲解出来，深入浅出，便于学生理解与掌握。

2. 动作技能示范的直观性

体育教师在讲解教学内容时，不仅会用到语言，还会直接进行动作示范，让学生直观地感受到要学习的内容。对于一些比较难的动作，教师还会逐步分解示范，帮助学生更好地掌握动作。

3. 教学组织管理的直观性

在体育教学中，老师和学生的联系相对较多，人际关系也较和谐，老师对班级的领导和管理具有直观性。老师会身体力行，利用自身的言行举止在无形中培养学生。

（三）体育教学内容的情感性

体育教学的内容是十分丰富的，学生能够从这些内容中体会到丰富的体育精神，获得较好的情感体验。体育教学内容的情感性主要体现在以下几点。

1. 体育教学内容的运动美

在体育教学过程中，学生可以体会到运动美，这主要体现在两个方面。一方面，学生能够掌握基本的锻炼方法与技巧，通过锻炼保持优美的形体；另一方面，学生能通过锻炼认识到不同动作展现出的动作美。

2. 体育教学内容的精神美

学生能够从体育教学中学习各种运动项目，了解运动知识，领悟体育精神。通过参与体育活动，学生能够陶冶情操、平衡心态，培养胜不骄、败不馁的品质，并能够团结队友，提升交际能力。

3. 体育教学内容的创造美

体育教学是一种创造性的教育活动，体育教学创造的主要成果就是让学生获得内在的领悟与精神上的启迪，从而体会创造美。

（四）体育教学条件的限制性

体育教学涉及的要素相对较多，因此体育教学会受到多种因素与条件的影响和限制。学生的特点、体育教学场地的情况、天气情况等都会对体育教学产生一定的限制，进而影响体育教学质量。要想顺利开展体育教学工作，应摆脱不利于体育教学的各种因素的影响，并尽可能地将制约因素的影响降到最低。

（五）技能学习的重复性

运动知识的掌握必须反复进行。学习者在反复掌握某种运动知识的同时，其运动能力是螺旋增加的。动作能力的养成一般包括以下 4 个过程：一是进行分解动作阶段，二是进行连续动作阶段，三是独立进行连贯动作阶段，四是熟练进行连续动作阶段。

技能学习的重复性要求体育教师在教学时坚持循序渐进的原则，依据要教授的运动技能的特点，合理安排练习时间与内容，帮助学生不断巩固提升动作技能，进而掌握动作技能。

二、体育教学的功能

体育教学的功能主要可以分为两大类，一是本质功能，二是一般功能。下面对这两大类功能进行具体阐述。

（一）体育教学的本质功能

体育教学的本质功能即体育活动的功能，具体包括以下几种。

第一，使大脑思维更加活跃。在体育锻炼之后，学生的脑供血、供氧状态会有所改变，神经活动会变得更敏捷，思想也会变得更活泼。

第二，有效提高人体的机能水平。体育活动能够增加人体能量的消耗，加速人体的新陈代谢，加快血液循环的速度。这能有效改善人体血液循环系统、呼吸系统等的功能，提升人体的机能水平。

第三，使人体更适应环境的变化。体育活动能够有效增强人体的免疫力与忍耐力等。

第四，促进骨骼和肌肉的发展。体育活动有助于人体骨骼与肌肉的发展，使骨骼变粗、骨密质增加，使肌肉更加强壮。

第五，促进人的心理状况的改善。体育活动能够使人放松身心、改善情绪、调节心理状况，有助于人的心理健康发展。

（二）体育教学的一般功能

体育教学的一般功能具体包括以下几种。

1. 教养功能

教养功能指传授给受教育者基本的科学技术，培养其实践能力。体育教学的教养功能具体包括以下内容：①教会学生必要的体育、卫生保健知识与技能；②使学生掌握科学的锻炼身体的方式；③传承体育文化。

2. 美育功能

美育是学校育人的重要内容。在体育教学中，学生会接触到 3 种美：①身体美，即人的线条美、自然美等；②运动的形态美、力量美、和谐美等；③深层次的精神美。

3. 教育功能

教育功能具体包括以下内容：①培养学生勇敢、坚强、不轻言放弃的品质；②培养学生的爱国主义精神、集体主义精神等。

4. 促进个体社会化功能

个体社会化即人的社会化，体育教学具有促进个体社会化的功能。体育教学是一个灵活的社会现场，课堂上师生的互动、交流等都是真实社会的映射，学生在学习的过程中能够认识社会的生存法则，这对学生的社会化是有益的。

第三节　体育教学的主体与过程

一、体育教学的主体

教师与学生是高校体育教学的主体，对教学的成效具有决定性作用。要想使高校体育教学顺利开展，必须对教学主体进行深入的研究。

（一）体育教师的发展

随着社会的发展与进步，体育教育得到了一定的发展，体育教师队伍也日益壮大。但随着学生的增多、教育内容的丰富，体育教师资源出现了匮乏的现象。要解决这一问题，实现体育教育资源可持续发展的目标，必须重视体育教师的发展。具体需要做好以下工作。

1. 创新管理方式，完善教师结构

当前体育教师的管理方法是相对落后的，具有单一、静态的特点。一个人若想成为体育教师，需考入专门的体育院校，学习各种体育理论与运动技能，毕业后选择有招聘意向的各级学校。这种模式虽然有一定的好处，但其并不能很好地满足当前社会对体育教师的需求。

要想使学生真正掌握实用的体育知识与技能，促进体育教育事业的发展，就必须创新管理方式，完善教师结构。

在体育教师的选拔方面，应引入竞争机制，通过激烈的竞争来选拔优秀的体育教师人才，并要求教师自我约束，从而有效提高体育教师队伍质量。另外，要开辟师资选择的路径，如可以将高水平的退役运动员纳入选聘范围中，因为高水平的退役运动员有着丰富的赛事经验与高水平的运动技术，能够为体育教育注入活力，为学生带来新的教学体验。

在体育教师的考核方面，应定期考核已经进入体育教师队伍的教师，构建完善的考核管理体系，设立规则明确的奖惩机制。同时要建立一定的退出机制，对于有较大错误的教师予以解聘。对于新上任的教师，要做好岗前培训与考核，如考核不通过，则不予聘用。

2. 成立专门的师资队伍建设委员会

建设教师队伍是一项长期的工作，需要持续不断地对教师进行培训，不断

提升教师的能力。这项工作也是一个大工程，需要体育、教育等相关部门通力合作。应成立专门的师资队伍建设委员会，其成员包括学校领导、职能部门负责人及相关学者。师资队伍建设委员会的主要任务是发挥决策作用、指挥作用与监督作用，同时为师资队伍建设提供可以依赖的组织保障。

3. 提高教师待遇，稳定教师队伍

提高教师待遇，稳定教师队伍是教师发展的必要条件。学校应从教师的实际需求出发，采取恰当且有效的手段帮助教师解决工作与生活中遇到的困难，满足教师的需求，以稳定教师队伍。

（二）体育教师的培养

体育教师的培养十分重要。当前国家对体育教师的培养重点分为职前培养、入职培养和在职培养，同时国家也重视体育教师培养一体化，以下就有关信息进行具体介绍。

1. 职前培养

（1）职前培养的目标。职前培养的具体目标一直是一个实质性问题。许多高校体育教师都明确表示，体育教育的主要目标是培养体育教育复合型人才，以增强毕业生的社会竞争力。在此基础上，笔者认为，对体育教师进行职前培养的主要目标如下：培养适应我国社会主义现代化建设与基础教育改革发展实际需求的，德智体美劳全面发展的，具备较丰富专业基础知识的，有先进现代教育观念的，有较好的科学素养与职业道德的，有一定的创新精神与社会实践能力的，以及可以从事体育教学、训练、竞赛、研究、管理等方面工作的体育教育专业技术复合型人才。

（2）职前培养的模式。职业培养的模式是随着社会背景的变化而变化的。由于近些年我国社会发生了较大的变化，职前培养的模式也产生了一定的变化。具体如下：第一，从定向型培养模式转到非定向型培养模式；第二，从培养专才模式转向培养复合型人才模式。

（3）职前培养的发展趋势。体育教师职前培养的发展趋势具体包括：第一，培养方式的多样化；第二，培养目标的多向化；第三，教学过程的整体性；第四，课堂内容的选择性；第五，课程管理的完全学分制；第六，课程设计的基础性、国际性和针对性。

2. 入职培养

（1）入职培养的意义。入职培养指的是教师在新入职时接受的职业培养，即学校专门为新教师提供的至少一年的，有计划的、系统的、持续的帮助。

（2）我国体育教师入职培养的状况。我国体育教师入职培养主要涉及两个方面的内容，一是教师资格证制度，二是体育教师上岗培训制度。

我国的教师资格证制度起步于 1996 年，在 2000 年开始全面实施，规定只有取得教师资格证的人才能被学校或教育机构聘任为教师。要取得教师资格证，必须具有相应的专业水平、教育水平、道德素质与身体素质等。

在教师正式进入岗位之前，需参与上岗培训。各院校与培训机构应对教师进行上岗培训，当前我国常见的教师上岗培训模式有 4 种：第一，带教模式；第二，集中培训模式；第三，理论实践研究模式；第四，合作模式。

3. 在职培养

（1）在职培养的必要性。对体育教师进行在职培养是十分有必要的，具体如下所述。

首先，进行在职培养能够促进体育教师教学能力、管理能力等的不断提升，有助于体育教学效果的提升。

其次，进行在职培养符合终身发展的思想，有助于体育教师自身的发展与成长，对体育教师的职业发展是有益的。

最后，进行在职培养能够使体育教师学习到先进的教学技能与技巧，站在时代的前列，体育教师教学的内容也就能够与时俱进，培养出的人才也就能够更好地适应时代发展的需求。

（2）在职培养的模式。对体育教师进行在职培养的模式主要涉及教学模式与组织模式，下面进行具体阐述。

体育教师在职培养的教学模式有很多，常见的包括以下几种：第一，问题探究模式；第二，合作交流模式；第三，案例教学模式；第四，教学现场诊断模式。

当前，我国常用的体育教师在职培养的组织模式包括以下几种：第一，研训一体模式；第二，校本培训模式；第三，远程培训模式；第四，巡回流动培训模式。

4. 体育教师培养一体化

体育教师培养一体化指的是将提升体育教师素质作为出发点，将体育教师培养分为职前培养、入职培养与在职培养 3 个阶段，这 3 个阶段是彼此联系、相互统一的，贯穿于教师培养的始终。

全国体育教师培养一体化的形成大致可包括这样两类，即组织上的形成和职能上的构建。

（三）不同的学生观

学生观即教育者对学生的实际看法。当前比较具有代表性的学生观有以下几种。

1. 教师中心论

教师中心论即将教师作为教育的主体，教师在教学中处于主要地位，学生处于被支配地位，教师决定教学的一切，常用的教学方式是灌输法，主要的教学目标是将知识技能灌输到学生的头脑中。

教师中心论的代表人物是赫尔巴特与凯洛夫。赫尔巴特重视教师的主导作用，以及主知主义的系统课堂教学，认为学生应处一个相对被动的地位。凯洛夫认为教学工作一直是在老师的引领下进行的，学生在课堂上只是从属地位。

教师中心论的优点是肯定了教师的价值与主导作用；其缺点是忽视了学生的作用与价值，不重视学生的自觉性与主动性。

2. 学生中心论

学生中心论认为教学过程实际上是学生依靠自身自觉发展的过程，代表人物是杜威。他认为学生是教育的中心，教学的一切活动都是围绕学生开展的，教师只是学生发展的"仆人"。

学生中心论的优点是肯定了学生在教学中的主体地位，具有一定的积极意义；其缺点是抹杀了教师的主导作用。

(四) 学生的基本观念

综上，我们应坚持正确的学生观念。具体来说，在学生的基本观念上应把握以下几点。

1. 学生是处于发展中的独特的人

学生是处于发展中的独特的人，他们有自身的发展方式，其身心发展是处于不断变化中的。这就要求体育教师以发展的眼光看待学生，在选择体育教学的内容、方式时，应以学生的发展水平为依据。

2. 学生是具有主体性的人

学生是具有主体性的人，学生在学校体育教学中的主体性主要体现在以下几点。

第一，学习的独立性。每个学生的学习起点、任务、要求、个体心理特征等都是不同的，每个人的学习状态也是不同的，这就说明了学生是独立自主的。体育教师应注意学生的自主性，因材施教。

第二，学习的主动性。教学是主动性的行为，唯有学习者自觉、积极地学习，其才可以切实掌握学习内容。教育再好，如果学习者不积极学习，其也是不能够有效掌握学习内容的。体育教师在开展教学的过程中，应当注意学生学习的主动性。

第三，学习的创造性。学习并不是简单地接受知识的过程，而是一个具有创造性的过程。学生并不一定要完全按照体育教师的方法、思路等来完成教学任务，学生可以进行创新，体育教师更应鼓励学生进行创新。

第四，学习的选择性。学生并不会完全无条件地接受体育教师教授的所有知识，而是会依据自己的实际情况，有选择性地进行学习。

3. 学生是具有潜能特征的人

学生是具有无限潜能的人，学生的潜能特点具体如下。

第一，丰富性。学生的潜能是十分丰富的，涉及多方面的内容，人脑潜能尤为丰富。

第二，隐藏性。一般来说，学生身体中的潜能是隐藏的，很多学生可能一生都没有开发出自身的潜能。

第三，差异性。每个学生都有自己的潜能，但潜能的等级、方向、开发情况等是有一定差异的。

第四，可开发性。学生的潜能是可开发的，体育教学是开发学生潜能的重要途径。

4. 学生是有差异的人

世界上并没有两片完全相同的树叶，更没有两种大致相同的人。每个学生都是完全不同的人，都各有特点。因此，不同年龄阶段的学生的心智发育程度、人格成长程度存在很大的差异，同一年龄阶段的学生的认知结构、思考方式、性格特点、创新能力等也存在很大的差异。体育教师应认识到每个学生都是有差异的，在教学时必须充分了解学生，因材施教。

（五）高校学生的生理特征与体育教学

1. 高校学生的生理特征

高校学生的生理特征具体如下。

第一，随着年龄的增长，身体骨骼结构开始朝横向发展，并且随着成长步伐的增加，肌肉强度和耐久性逐渐提高，肌肉功能也不断完善，运动协调性和机体能力逐渐提高，身体骨架结构大体形成。

第二，神经系统趋于完善，神经活动更加稳定，注意力更加集中，抽象思维能力增强，综合分析能力有了较大的提升。

第三，心肌功能和自主神经对心肌的调节作用日趋完善，每分钟输血量显著提高，心血管功能也明显提高。

2. 体育教学对高校学生生理的影响

体育教学对高校学生生理的影响具体如下。

第一，高校学生在接受体育教学时，往往会进行体育锻炼。这能够有效改善他们的神经系统工作水平，使他们的头脑更清晰、精力更充沛、思维更敏捷，从而使他们的学习能力得到显著提升。

第二，体育锻炼有助于高校学生养成锻炼意识与习惯。充足的体育锻炼能够使高校学生的心血管系统更加完善，使高校学生的机能得到较大的提升。能够促进高校学生的新陈代谢功能，提升其身体抵抗能力，改善呼吸功能。

二、体育教学的过程

（一）体育教学过程中的现象与规律

1. 运动负荷现象与身体发展规律

体育教学是学生通过身体练习来习得体育技能的过程，学生在体育教学过程中需要承受各种运动负荷，以促进身体的发展。

体育教学对学生身心发展的促进作用主要体现在体育锻炼与体育养护两个方面。体育锻炼，即通过体育课中的身体活动、运动技能学习等来改善学生的身体结构与机能；体育养护，即通过体育课中的身体保健知识、能力等来帮助学生保养身体。体育锻炼与体育养护相辅相成，共同促进学生的健康成长。

运动负荷是身体锻炼的基础。在体育教学中，学生只有承担合理且科学的运动负荷，才能够改造生物性能，维护身体健康。一般来说，在一定的范围之内，运动负荷越大，对学生身体产生的影响也就越大，锻炼的效果也就越突出。需要注意的是，运动负荷的变化应与人体机能活动能力的变化相适应，即在人体机能活动能力较强时可以安排较大的运动负荷，在人体机能活动能力较弱时也可以安排较小的运动负荷，这样体育锻炼才能够起到最佳的效果。

不同的课程对运动负荷的规定是有所不同的，具体包括：①教授课程的运动负荷通常为中等；②复习课程的运动负荷通常在中等以上；③发展和身体素质课程的运动负荷普遍很大；④发展训练课程的运动负荷普遍较小；⑤测验和训练班的训练密度较小而运动负荷很大。

2. 运动心理现象与情感体验规律

体育教学的评价是直接的、即时的，这种评价一方面会让技能掌握较好的学生感到兴奋，另一方面会让技能掌握较差的学生感到畏惧。教师应正确运用这种即时性评价，帮助学生提升心理素质，引导学生正确地评价自己与他人。

体育锻炼是包含多样的身体活动和复杂的心理过程在内的社会活动，在开展体育锻炼后，人们常常会显得亢奋、躁动，这些状态会对人的情感造成影响。但是，在运动中过于亢奋很可能导致不良心态与不良行为的出现，这时就需要学生适当抑制自己的情绪，这个抑制的过程实际上也是心理调节的过程。长此以往，学生的心理调节能力会得到显著提升。

具体来说，体育教学能够陶冶学生的心灵，改善学生的心理状态，培养学生的群体意识，提高学生的自律能力。

（二）体育教学过程的设计

体育教学过程的设计可以细分为 5 种，即学段教学过程设计、学年教学过程设计、学期教学过程设计、单元教学过程设计、学时教学过程设计。

1. 学段教学过程设计

（1）学段教学过程设计的内容。学段教学过程设计的内容主要包括 3 个方面，具体阐述如下。

第一，关于学生的设计，主要内容有两点：①分析学生的学习需要与社会发展需要；②分析学生在进入学习阶段前的基本情况，包括身心特点、体育基础、兴趣爱好等。

第二，对学习内容的设计，主要是分析学生应学习什么、学习的量有多少。

第二，对于学业计划的设计，主要是应认真学习、体会国家颁布的体育课程指导性文件，并根据文件内容和学校的实际状况，制订好学生的学业计划。

（2）学段教学过程设计的方式。学段教学过程设计的方式主要有以下 3 种。

第一，内容优选式。这种方式是以体育教学的内容为主线，将不同种类体育教学内容的教学时数合理地分配到同一个学习水平的不同学年中，以校本教材为核心制订合理的学段教学过程计划。

第二，模块划分式。这种方式是先安排并选择合适的必修内容，然后结合本地区、学校、教师等的实际情况选择具体的体育教学内容，制订相应的学段教学过程计划。

第三，目标引领式。这种方式是在充分考虑各个学习领域之间相互关系的基础上，将学段目标合理地分配到不同的学年中，并制订出相应的学段教学过程计划。

2. 学年教学过程设计

（1）学年教学过程设计的内容。学年教学过程设计的具体内容一般分为课程任务设置、课程设计和教学过程安排。

教学目标设计的主要依据包括：①本学年体育教学的基本目标；②本学年体育教材与学生活动的特点；③学校的场地、器材等教学条件。

教学内容设计必须合理，全年课时的安排应以校历的周数为依据。

教学评价设计的依据是全年体育教学效果的预测与体育教学内容的实际情况。

（2）学年教学过程计划制订的方式。学年教学过程计划制订的方式具体包括以下几种：①学段与学年结合式，即将学段和学年教学计划有机结合起来，综合考虑各学年教学目标与教学内容之间的联系，制订学年教学过程计划；②学年计划独立制，即在对学年计划内容进行全面分析研究的基础上，根据学校需要以及学生现状，在一个学年内合理安排两个学期的课程时间，以便制订学年教学过程计划；③季节划分式教学，即依据本地区的季节变化差异，选择适宜的目标与合适的教学内容制订学年教学过程计划。

3. 学期教学过程设计

（1）学期教学过程设计的内容。学期教学过程设计的内容包括：①教学目标的制定，指的是以学期任务为依据，从本学期的教学课程、课堂实践活动等入手，再综合考虑季节和学期的教学任务，制订本学期的教学计划；②课程的设计，指的是根据课程对象的内容特点来选择、整合不同课程的模块结构，设计独立教学模块和综合教学模块。

（2）学期教学过程设计的方式。学期教学过程设计的方式具体有以下几种。

第一，内容的唯一化，即以某种教学内容为主，忽视其他教学内容，仅列举每次课的具体内容而不考虑学时、具体要求等安排，从而制订出学期的教学过程计划。

第二，五大类内容式，即在仔细分析学校任务后，以学校的实际需要、老师的工作特点、学校的基本设施条件等为基础，在精学、简练、练习、讲解、学习等五大类内容中选取主要内容并合理安排各种形式的课程时数，以编制学校教育活动时间。

第三，目标教学内容结合式教育，即在明确本学期的课程任务后，根据学生的实际学习情况提出具体要求，并确定该学期每个课程的目标教学内容，最后制订出本学期的教学方案。

4. 单元教学过程设计

（1）单元教学过程设计的内容。单元教学过程设计的内容具体如下。

第一，学生的设计，即分析学生的体育基础、身体机能、爱好等，对学生的具体情况有整体的把握，以便于有针对性地进行教学。

第二，教学思想的设计，即选择恰当、合适的教学思想。不同的教学思想会产生不同的单元教学过程设计，带来不同的教学效果。

第三，教学内容的设计，即对教学内容进行研究，把握技术难点、重点，做好教学课时的分配工作等。

第四，教学过程的设计，即根据教学课时设计教学过程，充分利用场地、器材等资源，有效提高教学的效果。

第五，教学方法的设计，即依据学生的年龄特点、兴趣爱好，以及学校的基本设施、场地、器材等，设计教学方法。

（2）单元教学过程设计的方式。单元教学过程设计一般是以各项运动技术来划分的，名称也通常是运动技术的名称，如"足球""轮滑"等。教师在设计单元教学过程计划时，应以运动的技术特征、学习的具体内容、学生的特征等为依据。

5. 学时教学过程设计

（1）学时教学过程设计的内容。学时教学过程设计的内容主要包括以下几种。

第一，教学目标的设计。在设计学时教学目标时，应以单元教学目标与单元教学设计为依据，目标必须全面、明确、具体。

第二，教学内容的设计。在进行教学内容设计时，首先应设计好基本部分的教学内容，再根据各项内容的重点、难点等对内容的练习顺序进行排列，最后确定各项教学内容、练习次数与时间等，并设计好教学中需要用到的器材与用具的名称、规格等。

第三，教学方法的设计。在设计教学方法时，应依据教学内容的重点、难点来考虑教学方法的选用、教具安排、生理负荷与练习密度、交流与反馈等。

（2）学时教学过程设计的方式。学时教学过程设计的方式主要有文字式和图表形式。

文字式即使用文字叙述的方式，按照课时顺序依次书写教学过程计划。其优点是书写容易，其缺点是不能一目了然。

图表形式是将学时教学过程以图表的形式表现出来。其好处是条理清晰，方便观察；其不足之处是书写比较复杂。

第二章
CHAPTER TWO

高校体育从体教结合到
体教融合的发展转变

体教融合是指体育和教育在价值、功能和目的上的充分融合，体育和教育共同作用于青少年的发展。体教融合是一个系统工程。

第一节　体教结合的形成溯源

一、体教结合的形成背景

对于两个事物而言，它们结合的前提在于它们是相互分离的。想要改变分离的状态，就需要采取相应的解决办法，这就需要分析其分离的原因，即对当下的分离状态进行价值研究。若分离是合理的，可以考虑在两者之间建立关联性，采取"对等主体"的方式加以分析；若分离是不合理的，就需要对不合理的地方分析原因，采用解构、重组兼并等方式加以解决；若分离是部分合理而部分不合理的，可以采用包容开放、互补等手段。因此，对于体教结合的分析，首要需要从体教分离的背景入手，在此基础上分析体教结合的现状，以期构建相应的体制机制。

体教分离的根本原因在于专业队体制的出现和发展。考虑到当时的社会经济发展状况，为尽快提升中国在世界大赛中的竞技运动水准，运动队必须离开教育系统进行集中锻炼，由此产生了专业队体制。尽管以培训竞赛运动人员为主要目的的专业队体制为中国竞赛运动的发展作出了巨大的贡献，但这种管理体制也存在较大的局限性。

新中国成立之初，我国各项事业百废待兴，为了实现快速崛起的目标，体育竞技事业被视为优先发展行业，由此诞生了专业队体制。

（一）专业队体制发展历程

1."强国梦"要求集中发展高水平竞技，专业队体制初现端倪

1952年芬兰举办了赫尔辛基奥运会，这是新中国历史上首次参加奥运会。中国队派出了40人的代表团前去参赛，但是因为航程较远，一行40人赶到赫尔辛基时，这届奥运会已进行了十几天，故只赶上男子游泳的一项比赛和最后的闭幕式。

1952年我国成立了专门的"中央人民政府体育运动委员会"，揭开了"强国梦"的序幕。二十世纪六十年代，国家体育运动委员会（简称国家体委）提出争取两三年内多个体育项目接近或者超过世界先进水平，并建立青少年业余体校，组建了以田径、乒乓球、羽毛球等项目为主的国家队。

此后，地方也建立相应的地方体育运动委员会，由政府主导的体育组织体系得以逐步确立，形成了以国家为领导、在体委管理下的军队与政府部门共同参与的竞技体育发展格局。在"普及与提高相结合"的指导方针下，国家体委重点培养少数优秀运动员，建立"国家集训队制"，各地也建立起专门的"体育工作大队"。

最终，我国逐步形成由青少年业余运动学校和省市级、全国性常设运动队等组成的培训体系和以全国运动会为核心的综合竞技体系，我国的竞技运动体育水平得到了切实提升。

2.借鉴自强之路的成功经验，专业队体制酝酿产生

二十世纪六十年代，计划经济体制得到全面加强，在"调整、巩固、充实、提高"的指导方针下，在国民经济方面实施计划性指导和调控措施。此时，国家体委采取高度集权型运行机制，包揽国家体育事业各方面的工作，通过统一规划、调配、布置，有利于在部分项目上建立优势。

在这种体制下，首先受益的是登峰运动，在贺龙的亲自指挥下，国家体委集中全国最优秀的教练和登山运动员，以会战方式训练，最终在1960年实现了国人攀登世界第一高峰的梦想。不久后，在分区集训的基础上，国家体委选调优秀的乒乓球运动员进行集训，在1961年第26届世界乒乓球锦标赛上取得了举世瞩目的成绩，大大振奋了国民的自尊心和自信心。

此后，其他体育竞技项目效仿登峰和乒乓球的运作模式，取得了一系列成果，这意味着我国竞技体育开始脱离教育而独立培养竞技人才。

3."举国竞技体育体制"初步建立，专业队体制最终形成

二十世纪六十年代初，我国决定利用有限的物质条件优先发展体育竞技事业，实现重点竞技项目的突破，形成了计划经济体制领导下的相对完善的竞技体育发展和管理体制，即"举国竞技体育体制"。

随着青少年业余体校在全国范围内的建立，形成了从基层单位业余体校到重点业余体校、中心业余体校再到专业运动队的层层衔接的业余训练、三级人才培养体系，为我国竞技体育人才提供了充足的后备军，同时各级体校也成为优秀运动员的预备队。

各级体校采用的是"一边训练一边读书"的体制，与全日制的教育制度相冲突，加上体育运动专业化趋势的进一步加强，国家体委建立了专门的体工队文化教育科（组），构建起由体育部门自办教育的模式，标志着我国体育竞技系统完全脱离文化教育系统。

（二）专业队体制带来的辉煌成就

在当时的社会经济背景下，专业队体制为我国的社会主义精神文明建设作出了巨大的贡献，具有深远的历史意义。

1. 推动中国竞技体育的迅速崛起

作为一种高效率的竞技体育体制，专业队体制适应了我国当时的国情，极大地增强了我国当时的竞技体育实力，让我国竞技体育在国际竞技体育中有了一席之地。1956 年 6 月 7 日，我国举重运动员陈镜开在上海市举行的中苏举重友谊赛上以 133 公斤的成绩打破了最轻量级挺举世界纪录，这是新中国成立后运动员创造的第一个正式世界纪录；1957 年跳高运动员郑凤荣成为我国第一位打破世界纪录的女运动员；1959 年在第 25 届世界乒乓球锦标赛中，中国 21 岁的乒乓球运动员容国团顽强拼搏、傲视群雄，获得男子单打世界冠军，成为新中国体育史上第一个世界冠军，结束了中国没有世界冠军的历史和没有竞技体育世界纪录的历史。

第 23 届洛杉矶奥运会上，我国射击运动员许海峰实现了中国奥运会历史上金牌"零"的突破，成为中国首位奥运金牌得主。中国的竞技体育由此进入一个快速发展时期。

这一时期取得的辉煌成绩与专业队体制的建立存在密切的关系。2008 年北京奥运会更是让中国的新形象、新面貌伴随着中国竞技体育的优秀成绩一起走到"无与伦比"的顶峰，成为中国步入世界大国和体育大国的重要标志。新中国成立后竞技体育的发展不仅团结了中国人民，振奋了民族精神，而且很好地展示了中国特色社会主义制度，促进了中国与世界各国人民的感情交流与沟通。

2. 促使中国的国际地位不断提高

1971 年 4 月，以小球带动大球的"乒乓外交"拉开序幕。美国乒乓球代表团在参加第 31 届世界乒乓球锦标赛后，受中国乒乓球代表团的邀请，访问中国。1972 年 2 月 21 日，时任美国总统尼克松抵达北京；1972 年 2 月 28 日，中美两国在上海发表了《中美联合公报》（"上海公报"）。这在一定程度上恢复和扩大了中国在国际上的地位。

可以看出，基于当时的历史背景，专业队体制的建立对中国竞技体育的崛起和发展起到了重要的作用，并促进了中国国际地位的提高。

3. 鼓舞全国人民自力更生、艰苦奋斗

专业队体制的确立，为我国带来了举世瞩目的竞技体育成就，振奋了民心。运动健将展现的顽强拼搏、自强不息的精神，鼓舞着中国民众，培养了国民自力更生、艰苦奋斗的优秀品质。

在长期的体育竞技训练中，我国总结出"三从一大"训练原则（从严、从难、从实战出发、大运动量训练）和"三不怕"（不怕苦、不怕难、不怕伤）"五过硬"（思想过硬、身体过硬、技术过硬、训练过硬、比赛过硬）的作风，成为我国运动员克敌制胜的法宝。

在体育竞技中形成的"为国争光、无私奉献、科学求实和顽强拼搏"的时代精神，推动了新中国的社会主义精神文明建设，成为新时期民族精神的重要组成部分。

（三）专业队体制的局限性

体教分离下的专业队体制，为我国竞技体育事业的发展和我国国际地位的提高起到了不可磨灭的促进作用。然而，这种专业队体制存在一定的局限性，具体如下。

1. 忽视了运动员全面系统的文化教育

为了更好地进行体育训练，专业运动员往往会集中在一个封闭的环境中接受严格、艰苦的专业训练，正因如此，使许多有潜力的优秀运动员崭露头角。但也正因专业体育训练的专业性和严谨性，使运动员们错失了文化教育的最佳时机。尽管他们有着比常人更好的谋生技能、体格素质、社会经验等，但与同龄人的文化教育水平相比却大相径庭。

由于未能接受系统的教育，运动员在退役之后的生存和发展可能面临困境。基本文化知识的缺失导致个别运动员在赛场上做出一些出格的行为，如不服从规则、出现打架斗殴等现象。调查显示，教育与运动员的运动技能存在一定的关系，受教育水平越高，越能掌握科学的训练方法，越能理解体育运动的真正意义，越能提升自身的道德素养水平。

2. 不利于中国竞技体育的可持续发展

（1）不科学的人才培养机制阻碍了竞技体育的可持续发展。现代竞技运动愈发激烈，对体育人才的体力和智力有了更高的要求，运动项目的训练技巧更加讲究科学化。运动员的智力水平在很大程度上取决于运动员的受教育水平。

相比于没有系统接受文化教育的运动员，受教育水平较高的运动员往往能取得更好的成绩，这是因为他们对竞技项目有着自己的独特见解，采用的训练理论和方法也更加科学。受教育水平较高的运动员不仅能较容易地理解教练的意图，而且能够采用灵活的运动技术来参加竞赛。由此可见，受教育水平与运动员的竞技水平存在密切的关系。

在我国的专业队体制下，竞技体育脱离教育大环境，运动员缺乏系统的文化教育，教练也没有接受系统的体育竞技培训，这种经验式高投入、低产出的人才培养机制阻碍了竞技体育的可持续发展。

（2）导致竞技体育后备人才日渐萎缩。社会主义市场经济体制下的专业队制度与当下所需要的竞技人才存在脱节现象。

首先，随着社会主义市场经济体制的建立，用人制度主要由市场决定，加上运动员退役后的安置存在困难，导致很多青少年不再愿意从事体育训练，竞技体育后备人才资源出现断层现象。

其次，青少年运动员在小时候就接受专业的训练和指导，没有接受系统的文化教育，从事体育训练的风险较大，导致家长更倾向于让子女接受基础高等文化教育。随着竞技体育后备人才的锐减，许多体校面临关闭的境况，制约着我国竞技体育事业的可持续发展。

（3）封闭式的训练体系阻碍了竞技体育的进一步发展。我国的专业队体制是计划经济体制的产物，这种集中式、封闭式进行的训练和管理模式，使社会中的非体育资源无法渗透进来，制约着竞技体育的可持续发展，具体表现在以下几个方面。

第一，竞技体育人才流通性低下。在专业队体制下，教练和运动员的对外交流受到限制，打击了地方开设竞技体育的积极性，竞技体育人才流通不畅使资源配置不合理，浪费严重。

第二，竞技体育规模难以扩大。在封闭式的管理模式下，竞技体育优势项目潜力枯竭，夺金能力饱和，弱势项目越来越弱，体育部门的项目设置不够合理，加上成本过高，严重影响了竞技体育事业的后续发展。

二、体教结合的提出与形成

（一）体教结合的提出

研究指出，体教分离制度严重阻碍运动员的全面发展和中国竞技体育的可持续发展，给社会带来了一系列的不稳定因素。因此，对专业队体制进行改革势在必行。

随着国家经济的发展，体育和教育事业的发展趋于稳定，体教结合问题受到重视，国家教育部门与体育部门（现国家体育总局）密切配合，推动教育与体育的结合。

二十世纪八十年代，中共中央颁布《关于进一步发展体育运动的通知》，要求加快体育强国的建设，提高国民身体素质。体育训练应当从少年和儿童抓起，着重从高校体育入手。在"普及与提高"的指导思想下，国家体委提出开展学校业余训练的长期规划，在增强学生体能素养的同时，积极开展业余体育训练，为体育后备军注入新鲜"血液"。

受到"健康第一"的指导理念的影响，学校的体育活动注重体育教学与其他素质教育的结合，致力于提高学生在德智体美劳等方面的综合素养，并针对此探索了构建遵循教学和体育规律的高校体育课与训练体系，拉开了体教结合的序幕。

（二）体教结合的形成

二十世纪八十年代末，国家体育部门和教育部门积极推动有条件的大专院校建立高水平运动队，向学校化过渡，加快体教结合的进程。之后，普通高等院校试办高水平运动队，在国家体育部门的指导下，建立起以田径和足球、篮球、排球"三大球"为主的运动项目队。随着 1986 年教育部发布了《全国培养高水平学生运动员试点学校申报审批暂行办法》，各高校和中小学校纷纷响应，取得了不错的成果。

1990 年国家教育委员会、国家体委联合发布《学校体育工作条例》（2017 年 3 月 1 日修正），要求高校体育工作在教育行政部门的指导下，由学校具体落实，标志着我国体教结合模式的确立。

此后，有条件的高校纷纷建立高水平运动队，中小学也开设体育特长班，体教结合工作进行得如火如荼，为竞技体育培养了大批优秀的后备人才，逐渐形成体教结合模式下的竞技体育后备人才培养和优秀运动员相互衔接的业余训练体系，推动了中国竞技体育的进一步发展。

三、体教结合的发展现状

（一）中小学体教结合的发展现状

中小学阶段是培养竞技体育人才的关键时期，在培养竞技体育后备人才中发挥着重要的作用。体教结合模式遵循了体育发展规律和教育发展规律，是以学校为基础对运动员展开的教育，旨在提高运动员的综合素养水平。此外，我国的体育教学工作明确指出，学生除了掌握基本的体育知识和技能之外，在锻炼身体和培养运动习惯的同时，还应当提高运动技术水平，以充实体育人才后备军。

在长期的体教结合实践的基础上，我国逐渐形成了多种办学模式，培养了一大批优秀的竞技体育后备人才。

1. 在广大中小学建立体育传统项目学校、体育后备人才试点

二十世纪八十年代初，在教育部门和体育部门的共同努力下，将一批重点和有特长的中学打造成体育传统项目学校。这类学校在某项或者几项运动项目上有独特的优势，在训练学生体育技能的同时，重视基础文化教育，使得体育工作成为一项面向全体学生的群众性体育活动，为我国的体育事业作出重大贡献。这也是我国竞技体育初级训练形式的体现。

现在各级体育传统学校成为培养体育人才后备军的重要力量，随着一系列体育项目试行办法的出台，体育传统学校的组织和管理制度有了较大的改善，加大了对学生文化素质提升的投入，学校的竞技体育有了较大的进步。

传统体育学校在深化改革的过程中，逐渐建立起贯彻教育方针、兼顾素质教育和体育教育、专业化的体育训练体系。一些教学质量高、知名度大的体校给予了学生充分的训练资源保障，培养了许多优秀人才。

2. 体校挂靠教育部门的中小学

将中小学业余体校或者一些有优势的运动项目挂靠在某一中小学校内，实行校长责任制，结合校内现有的文化教学资源、设施条件，形成突出地方特色的课余运动训练网，再将优秀的人才经体校输送到专业队或高校，建立起由学校培养体育人才的基地模式。

这种模式充分利用体育系统具备的各种优势，如设备、训练经验等，将其与各级学校相结合，提高了资源的利用率。通过教育系统和体育系统的有机结合，由教育部门挖掘体育人才，体育部门负责训练学生的体育技能，有效提高了业余训练运动员的文化素质。一方面，能够发挥教育资源的优势，在校内选拔优秀的人才；另一方面，也能面向全国招收有天赋的青少年入校接受文化教育。

3. 吸引社会力量办学

除了体育系统和教育系统的结合模式外，学校还能吸引社会上的企业来提供赞助，推动学校课余运动训练的发展，为竞技体育事业提供充足的后备军。这种"体-教-企"模式，能够帮助学校拓宽筹集资金的渠道，使学校得到社会的支持，推动学校课余运动训练的社会化，从而谋求更大的突破。

比较典型的是社会上的体育俱乐部与邻近的中小学建立合作关系，学校负责文化教育，体育俱乐部则提供资金和技术支持，两者一同参与到培养体育后备人才的管理中，两者是平等互惠的关系。当体育俱乐部的运动员接受完义务教育后，可以选择接受更高水平的文化教育，也可以选择转为专业运动员。这

样既发挥了学校的生源优势、充分利用了学校的场地设施，又利用了体育俱乐部丰富的训练经验和资金优势。这种途径成为我国培养体育后备人才的重要途径之一。

体教结合模式取得了较大的成功，让更多的体育部门主动与教育部门合作，充分利用两者的互补优势，在校内设置体育项目，在保持传统项目的同时突出特色，形成了一套科学的训练体系。更多的学生愿意加入体育业余训练活动中来，许多中小学生在体育竞技上取得了优异的成绩。

（二）大学体教结合模式

二十世纪八九十年代，考虑到中国运动员的文化素质普遍较低，以及运动员在退役后的社会安置问题一直未能得到妥善解决，国家体委提出了体教结合的改革理念，并实施了一系列有效举措：首先，把中国体育运动工作队院（校）化；其次，提倡由普通高校来培育高素质运动员，并努力构建起纵向的运动员培养新机制。

二十世纪八十年代末，《关于试点高校培养高水平运动员的管理办法（试行）》的颁布，打响了高校培养高水平运动员的第一枪。由于能够得到国家体委和教委的大力扶持，各大高校纷纷响应培养高水平运动员的号召，逐渐在探索和实践的过程中建立起"学、训、研"相结合的体育人才培养模式，为国家输送大批高水平高素质的运动员。

1. 普通高校建立高水平运动队

最普遍的形式是由高校自办运动队。在有关文件的指示下，高校招收退役运动员、国家二级以上运动员和体育特长生，让他们同其他学生一起上课，在业余时间进行训练，由学校聘任专业教练进行组织和管理，使得这些运动员在提高运动技能的同时接受文化教育的熏陶，较好地做到了"训练学习两不误"，运动员的整体素质有了较大的提高。

另外，部分高校在单个运动项目上，选择了从小学到高中再到高校的一条龙训练模式，如清华大学田径队在清华大学附属中学成立"马约翰班"、武汉理工大学篮球队在华中师范大学附属第一中学成立"武汉理工大学篮球后备人才基地"等，都完成了从基础到提高的一条龙培训。

此外，还有"校企结合"的体育人才培养模式，由企业提供训练技术指导和资金，学校开展运动员的训练和学习活动，学校和企业一同聘任教练。比如，湖北大学采用"校企结合"模式的"五人制足球队"，为国家带来了众多荣誉。

2. 国家运动项目中心、省市专业队挂靠普通高校

高校与国家运动项目中心、省市专业队的合作模式，是指运动员仍在体育基地生活和训练，学校派老师去体育基地授课，实行学分制管理和灵活的学习

制度。由此运动员既能代表省专业队比赛，又能代表学校比赛，提高学校的知名度。这种模式下的大学生基本上是现役运动员，比较典型的如清华大学与国家击剑队的联合，在保证现役运动员训练的同时，运动员又能接受良好的文化教育。部分地方专业队也通过与当地高校的合作，为当地和国家培养了一批高水平、高素质的运动员。

3. 体育院校"学、训、研"三结合模式

新中国成立之初，我国采用"全面学习苏联"的发展模式，体育事业也效仿苏联采用单科制体校模式，旨在减轻新中国成立初期高校体育教师不足的压力，为新中国的竞技体育事业培养后备人才。

在采用单科制的体校中，一方面它们与地方体工队联手，推行运动员的"三化"（运动员身份学生化、管理院校化和学籍化）改革，使运动员在进行系统训练的同时接受文化教育，实行学分制；另一方面，在地方政府的统一安排下，地方体校、运动技术学院、体工队和体育科研所合并，建立"学、训、研"三结合基地，进行资源重组，目的在于培养优秀的竞技体育后备人才。

（三）体教结合现状评述

1. 体教结合模式培养的竞技体育人才有限

随着综合国力的增强，体育事业的迅速发展，我国在第 27 届、第 28 届、第 29 届奥运会上分别取得奖牌总数第三、第二和榜首的傲人成绩，我国的竞技体育事业迎来辉煌。在此期间，产生了大量的奥运冠军和世界冠军，且这些运动健儿大多来自各级体育运动学校，较少出现体教结合学校培养的运动员，体教结合模式取得的成就有限。

经过长期的实践，体教结合模式取得了一些喜人的成绩，培养出一批世界水平的运动员，但与世界顶尖运动员相比仍有一定的差距。

2. 体教结合模式下学校未能贯彻全面发展的教育方针

体教结合模式要求在提高运动员竞技水平的同时，提高运动员的综合素养，实现运动员在德智体美劳等方面的全面发展；要求在遵循体育训练规律的同时，不违背教育的客观规律，保证学生的文化教育。然而，高校更重视体育生的体育成绩，更重视运动荣誉，认为运动员在赛场上取得好成绩可以提高学校知名度，这就导致部分运动员不够注重自身文化素养的提高，不利于运动员的全面发展。

从招生政策来看，一些高校对运动员在文化分上的要求较低，靠降低录取分数线来招收专业的运动员，一级运动员甚至是免试入学，这些现象使得一些学校、教练和运动员只重视运动成绩，忽视了文化学科的学习。

此外，传统体育观念中重训练、轻文化的束缚，以及科学化的训练手段不

足，都打击了运动员学习的积极性。运动员需要经历高强度、高密度的训练过程，在训练结束后难有余力进行文化学习。部分运动员顺利进入大学后，由于文化基础薄弱，在大学阶段存在跟不上教学进度的问题，其进行文化学习的自觉性无法形成。由此可见，高校在贯彻全面发展的教育方针上有待加强。

3. 体教结合模式少有体育部门的支持和配合

体教结合模式在长期实践的过程中，从表象上看体育部门与教育部门都在上传下达，但从本质上看，教育部门和体育部门在体教结合过程中，会以自身的目标、人物、管理、运作系统去培养运动员，两个部门在充分融合层面上还有着极大空间。教育部门主导下的体教结合模式在学生的运动训练上缺乏科学性、规模性和稳定性，具体表现如下。

（1）教练员的执教水平直接影响运动员的竞技水平，部分高校聘请的教练员水平不高，缺乏系统的培训。

（2）高校运动员的训练缺乏科学性，尤其是在选材、训练和恢复中缺少科研团队的支持。

（3）多数高校的训练经费紧张，场地、设施条件落后。高校获得的经费主要是在教育领域，导致高校对体育投入的经费较少。

（4）从小学、中学到大学的体育运动项目的设置缺乏衔接性，运动员不能进行系统的训练，后备人才培养出现断层，再加上行政区划的招生限制，资源得不到合理配置，导致体育人才的流失。

（5）体育部门没有给予学校应有的扶持。一方面，大多数高校是在教育部门的指导下进行体育招生和训练，与体育部门之间未建立起有效的联合机制；另一方面，学校的教练员难以得到体育部门系统的指导，大学教练参加培训的比重较低。再加上体育部门给予的经费支持有限，学校的训练比赛开支较大，这就导致了恶性循环，制约着高校竞技体育的发展。

4. 体教结合模式下学校缺乏为国家培养体育后备人才的动力

体教结合模式旨在丰富校园的体育文化生活，帮助学校获取荣誉，同时为国家和社会培养一批优质的竞技体育后备人才。笔者从事多年的体育教学工作，对多个地方院校进行走访调查，认为当下高校体育培养运动的目标大致可从不同视角分为以下几种。

从学校的视角来看，多数学校训练学生运动水平的目的是在大型体育竞技比赛获得优胜，提高学校的知名度，为学校带来经济效益。

从教练的视角出发，体教结合模式下学校的教练没有树立培养高水平运动员的长远目标，教练员的绩效与学校的升学率、学校在大赛中的排名有关，他们主要是为了追求运动成绩，对真正具有潜力的运动员的培养不够重视。且不少教练员要评定职称需考察其教学工作和科研水平，而与其训练成绩无关，这导致难以调动教练员的训练和指导积极性，也严重制约了高校培养高水平的运动员。

以上因素都导致学校缺少为国家输送高水平运动员的动力，缺乏有效的培养竞技体育后备人才的激励措施，打击了教练员的积极性，这也是体教结合模式难以有效发挥作用的重要原因。

5. 体教结合缺乏相应的配套机制

体育部门在竞技体育后备人才培养方面已经形成了较为完善的规章制度，却未能在体教结合模式的学校中得以落实。一方面，没有明确的法律法规为体教结合提供保障，缺乏一定的合法性；另一方面，在竞技体育后备人才培养制度中，没有明确体育部门和教育部门的职责和分工。

此外，由于缺乏相应的科学机制和激励手段，高校在培养竞技体育后备人才方面出现动力和积极性不足的情况。如何建立有效的教练员激励机制，如何多方面筹措训练经费等，都是体教结合模式下急需解决的问题。

四、制约体教结合发展的根本原因

阻碍体教结合发展的因素主要包括：体育与教育之间的矛盾，教育、体育系统的整合，教育的改革，理念的转变，教练员水平的参差不齐，训练经费匮乏等。然而这些因素只是外在原因，并非制约体教结合发展的根本因素。

体育系统和教育系统的并行，使得高校在培养高水平运动员的同时，还要着手教育事业。诸如奥运会、全运会等大型运动会的组织和管理，都是以体育部门为主导，顶尖的运动员都是体育系统培养的，这就导致大学系统的运动员缺少独立的赛制机制，难以有效发挥体教结合的真正作用，存在着体制性障碍。

此外，两套体系在结合运行过程中必然会在部分环节中出现冲突。比如，一些高校的高水平运动员在高校没有展示自身的机会，于是便跳槽到专业队，这反映了体育系统和教育系统的合作机制尚未有效建立。由此可见，竞技体育管理体制和教育体制"双体制"之间的矛盾与冲突，阻碍了体教结合模式的顺利落实，是制约体教结合发展的根本原因。

（一）行政垄断性的竞技体育管理体制制约体教结合的发展

1. 我国竞技体育管理体制的内涵

我国体育事业在长期的发展过程中，逐渐形成了由青少年业余体校和省级、国家级常设运动队构成的训练体制和以全国运动会为竞赛核心的竞技体育体制，具体内涵如下。

（1）"举国竞技体育体制"。这种体制是以在奥运会、世界锦标赛等国际性的竞技体育赛事中获得优异的成绩为目的，集中全国的资源优势，在国家直接领导下对竞技体育项目实行的一种管理制度。

（2）专业队体制。这种体制是在国家和地方体育行政部门领导下，从中央到地方建立的各级各类竞技体育专业和训练网络体系。

2. 我国竞技体育管理体制的行政垄断性

我国的竞技体育管理体制适应我国的社会制度和国情，呈现行政垄断性的特点。行政垄断是指借助行政权力形成的垄断，具有强制性，带有浓厚的行政隶属色彩。

合理的行政垄断是借助国家行政权力适当干预市场，体现国家的宏观经济政策，有利于稳定国民经济，维护市场秩序。但是不合理的行政垄断，即过度的行政干预不利于发挥市场在资源配置中的决定性作用，会导致资源的浪费。

我国在竞技体育管理体制中的"举国竞技体育体制"在当时的社会经济背景下就属于一种合理的行政垄断。这种体制集中全国力量，在中央政府的统一领导下，通过有效的行政和监督手段，指导竞技体育事业，符合当时的国情。在这种体制下我国运动健儿们创造了举世瞩目的体育成就，提高了我国的国际地位，有利于激发民族的自尊心和自信心。"举国竞争体育体制"的行政垄断具体表现在以下几个方面。

（1）国家体育总局取代了体育各个单项协会，以协会的名义管理体育事业，成为实施的行政主体。

（2）行政权责分散，监管机制尚不明确。在高校体育人才培养中，国家承担了大部分经费，缺少社会力量的介入。

（3）计划机制成为次要，行政成为首要，体育行为在一定范围内局限于行政延展。

（4）过于关注成绩，体育在其他层面的价值未得到充分挖掘和体现，如文化、健身等。

3. 我国竞技体育管理体制行政垄断制约着体教结合

（1）垄断赛事资源。赛事资源表现在国内外运动赛事的参加情况上。运动竞赛的初衷是反映运动员某一阶段的训练成果，促进运动员身心的发展。在我国竞技体育管理体制下，构建起以行政区域为参赛单位的赛事体系，运动员的参赛资格受到严格的限制，学校的高水平运动员属于"编外成员"，不能以学校的名义参加国内外重要的赛事，此外，让教育系统的运动员参赛是体育部门不希望看到的，这导致学校的高水平运动员鲜有参加大型体育竞赛的机会。这种竞技体育垄断性的管理体制严重制约了体育和教育的结合。

（2）垄断高水平教练员。在竞技体育后备人才的培养中，教练员的执教水平起着关键作用。一般来说，要培养一名优秀的教练员，需要其具有 10 年左右的运动员经历和 10 年左右的执教经历。但是这些优质的教练员被体育系统以带队任教、培养学习或者行政命令等形式垄断，教育系统中的教练员多是由体育教师担任，而体育教师缺乏丰富的运动竞赛经验。

在这一境况下，教育部门对竞技体育的资源投入有限，难以发挥经济效益。比如，耗费巨资建成的大型体育馆的利用率较低，而大部分学校的训练场地有限，导致资源分配不均且浪费严重。各学校的运动训练经费不足，难以开展有效的训练教学活动，学校缺少培养竞技体育人才的动力，导致培养出的运动员水平整体不高。

（二）狭隘的教育观念制约体教结合

体育属于教育的下位概念，竞技体育也是教育的一部分，但是由于教育观念存在狭隘性，教育将竞技体育排斥在外。首先，在基础义务教育阶段，学校更重视学生的文化课，在一定程度上轻视了体育活动；其次，在高等教育阶段，学校采用降分和免试等方式引进校外的高水平运动员，以提高学校的社会影响力和知名度，从而忽视了本校运动员的培育。这些因素都制约着体教结合的深入发展。

1. 片面追求高考升学率

以前，升学率是教育部门评价学校办学水平的唯一指标。高考成为连接中等教育和高等教育的桥梁，承担着为高校选拔高素质人才的重要使命。在全面落实素质教育方针的大环境下，高考的重要性不言而喻，高考在人才选拔上属于一种相对公平的方式。

受到我国教育体制的影响，目前高考仍然是众多学子的选择，主要有以下几个原因。

（1）学校和学生自身传统观念的影响。"学而优则仕"的传统观念根深蒂固，多数人将高考视为"鲤鱼跃龙门"的重要途径。高校招生最直接的依据是考生的高考分数，加上社会上对学历的高认可度，教育出现功利性倾向。

（2）优质高等教育资源分布不均。我国高度重视教育的发展，陆续提出科教兴国等重要战略，但是我国各地区资源分布不均，国家的优质教育资源在供给过程中也难免会出现失衡情况，导致兴办学校受到各种因素的限制。

（3）社会传统的影响。"学而优则仕"的传统观念导致社会高度重视高考，升学率成为多数家长为子女选择初中等学校时考量的重要指标。这在无形中暗示着家长作为子女未来成长和发展的重要指引者，他们大多不愿意让自己的子女接受专业的体育教育。

在多方因素影响下，体教结合下的体育事业难以长久发展。

2. 高校"急功近利"建立高水平运动队，违背体教结合的初衷

随着市场经济深入发展，教育开始出现功利性倾向，高校建立高水平运动队的目的是希望学生在竞技体育赛事上获得优异的成绩，从而增强学校的社会影响力并提高学校的知名度。这就导致高校千方百计招收有运动能力的学生甚至是专业的运动员，甚至出现了高校为了招录高水平运动员而哄抢生源的情况，偏离了高校培养运动员的正确轨道，违背了体教结合下高校建立高水平运动队的初衷，失去了高校建立高水平运动队应有的意义和价值。

第二节　体教结合发展新方向——体教融合

一、体教融合的概念

体教融合的内容目前虽仍在完善，但从现在的改革内容可以看出体教融合一些深刻的改革方向。

（1）"让运动队回到学校""省队校办"的做法预示着未来的青少年运动训练与竞赛将逐渐回归到国民教育体系。

（2）教育部主导的"校园足球"成为体教融合的"试水地"和"试验田"。

（3）体育与教育两部分的青少年运动竞赛开始融合，国家已经提出将青运会与学生运动会合并，这成为体教改革重要的风向标。

（4）国家针对加强学生运动员管理出台了一系列举措，提出了"学校教练员"的概念与相应的强化措施，标志着"体回归教"准备工作的开始。

（5）国家开始提倡建设校外青少年运动训练设施，提出了"青少年运动训练中心"的概念。虽然对青少年运动训练设施的性质和运行机制还缺乏阐述，但这一概念的提出依然是机制创新的指南。

可见，体教融合作为国家重大体育制度改革的内容之一，富有深意。

二、体教融合的诠释

我国的竞技体育实行"举国竞技体育体制"、独立管理、以为国争光为导向，而高校体育属于国民教育体系，是以提升学生体质为导向。由于竞技体育与高校体育在目标、导向、考核等方面存在差异，导致两个系统在配置上存在差异。体教融合正是要消除竞技体育、高校体育两个系统固有的机制体制障碍，促进体育要素的流动，做大青少年体育群体的基本盘，服务更多元的体育目标。因此，对体教融合的理解应该从"体教"与"融合"两个方面入手。

（一）对体教的理解：体教不是指体育与教育，而是指体育系统与教育系统

新中国成立以来，体育的概念在不断扩展，从狭义的体育即"身体教育"，扩展到竞技体育、休闲体育、群众体育等多个方面。对于青少年来说，体育事实上是教育的重要组成部分，两者从来就没有分开过，也就谈不上体育与教育的融合了。因此，体教融合的"体教"不是单指体育与教育，而是指新中国成立以来形成并发展至今的体育系统与教育系统。体育系统掌握的是群体、竞技体育、体育产业和体育文化等方面的资源，而教育系统掌握的是国民教育体系的资源。在青少年阶段，体育系统与教育系统有不同的侧重与分工，正是这种侧重与分工导致了两个系统之间存在部分差异。解决这种差异导致的问题，就需要两个系统充分共享所掌握的资源，为共同的目标而努力，实现资源的优化配置。

（二）对"融合"的理解："体教"不能是简单结合，而是要实现融合发展

简单总结来看，我国"体教"关系的发展先后经历了从"无体教结合"到"体教结合，体育为主""体教结合，教育发力""体教结合，走入困境"再到体教融合等多个阶段。这里涉及体育结合和体教融合两个概念。体育结合更多是在操作层面上的探索，是通过两个系统之间的取长补短来解决体育系统和教育系统各自的现实问题，以改变两个系统各自为政、单点发力的局面。对于青少年群体而言，体育系统关注的是竞技体育成绩，教育系统关注的是体质状况。体教结合实现的是本系统利用对方系统的优势资源为本系统补短板，是"实用""拿来"的思路，解决的是现实中面临的具体问题，但体育系统与教育系统两者仍然按照各自的体制机制运行。体教融合则是将两个系统纳入统一的框架内，促进体育要素自由流动，强调的是问题解决的整体性和完整性，破除政策障碍以实现"一体化设计、一体化推进"，而不是局部、阶段性问题的修补。体教融合需要体育系统与教育系统将各自的资源都"摆在台面上"，运用新的理念与思路，确定共同的目标，一起研究、制定相应的资源组织方式（体制机制）。

因此，体教融合应该是指能充分发挥体育在青少年成长中的多元功能，调动与组织体育、教育、卫生等系统中的相关资源要素，实现促进全体青少年健康发展、培养青少年竞技体育后备人才目标的机制。

三、体教融合的转变

2020 年国家体育总局和教育部联合印发《关于深化体教融合 促进青少年健康发展的意见》后，体教融合呈现出新格局。如何理解体教融合的转变，根据北京民生智库体育发展研究中心在《中考季，谈谈"体教融合"的四点转变》一文，可以将体教融合的转变归纳为 4 点：新目标、新认识、新格局和新原则。

（一）新目标：促进全体青少年健康发展

一方面，我国青少年竞技体育主要是以"三级训练网"（国家集训队，各省份专业队，各级体育运动学校、体育传统学校、业余体校）为主体进行运营与管理，这种"举国竞技体育体制"为我国的竞技体育发展作出了重要的贡献，但也造成了体育系统内青少年文化教育滞后、退役运动员难以融入社会等诸多社会问题。另一方面，在我国的青少年教育中，高校体育是提升学生体质最有效的途径，但存在体育教育理念过时、体育课时被挤占、日常体育课程与中考体育脱节或关联度不高等一系列问题，青少年学生健康问题（如"戴眼镜""身体肥胖""脊柱侧弯"等）更是成为社会关注热点。此外，高校体育也未能培养坚实的青少年竞技体育后备人才。

因此，体教融合提出了新的目标，即促进全体青少年健康发展。该目标涵盖了青少年学生的文化学习和体育锻炼、训练，既为青少年高校体育、竞技体育改革指明了方向，也为我国体育事业后备人才培养提供了强有力的体制机制支撑。

（二）新认识：提出"体育素养"的理念

强身健体应是每个人都终身坚持的一项目标。有关研究表明，人们对体育的认知、态度、能力、行为的形成往往集中在青少年阶段，并且会影响终身。但现实情况是大部分人一离开学校，其体育锻炼就会减少，其中一个很重要的原因就是大部分人没有在青少年阶段建立起对体育锻炼的兴趣与自信，一旦外部环境不再强制要求或工作生活不再需要，就失去了进行体育锻炼的动机与动力。

因此，体教融合提出了新理念即"体育素养"，并强调将"体育素养"应用于考试招生中。"体育素养"强调个体的动机、自信、态度、能力与技能、知识与理解、行为与习惯，最终实现终身体育参与。"体育素养"将文化教育与身体教育统一起来，并且将身体教育提高到前所未有的高度，对"以体育人"提出了更高的标准。"体育素养"的提出与国际前沿研究实现同步，国际前沿研究认为人的认知、心智是基于身体活动、身体结构、具体环境而发展形成的，人是通过运用简单、具体的知识来投射、表达复杂、抽象的概念，而这些简单、具体的知识大部分都来源于自身的体验，这种"体育"从出生起就已经发生了并贯穿整个人生。

（三）新格局：政府主导、部门协同、社会参与、家庭自助的格局

一方面，学校、家庭、社区场景是合一的。学校是青少年体育学习的主要场景，但并不是青少年体育的全部。研究表明，家庭尤其是父母的言传身教，以及校外（主要是社区）体育公共服务同样发挥着重要的作用。因此，学校、家庭、社区不应该是割裂的，也不应该只强调某个场景而忽视其他场景，而应该将3个场景联系起来，使青少年在不同场景之间形成一致的体育价值体系，具有一致的行为方式。另一方面，需要政府、社会等多元供给主体的参与。政府应该进行职能转变，鼓励社会、市场参与青少年体育，形成多元开放的治理体系，丰富青少年校内外的体育资源，实现资源的精准对接与服务。

因此，体教融合鼓励青少年体育的多元参与，鼓励形成政府主导、部门协同、社会参与、家庭自助的格局。

（四）新原则："一体化设计、一体化推进"的原则

体教融合强调"一体化设计、一体化推进"的原则，体现了新时代青少年体育整体性思维的转变，更加重视顶层设计，以问题为导向，破除阻碍体育要素优化配置的"堵点"，建立支持特定体系运行的长效机制。这一新原则主要体现在4个方面：一是从年龄看，覆盖了从儿童到成年的年龄段；二是从场景看，包括了校内与校外；三是从参与方看，涵盖了政府、社会、市场等多元主体；四是从提升路径看，涉及兴趣化、多样化、专项化、专业化。

四、体教融合的意义

真正意义上的体教融合应是"体回归教"，即青少年训练竞赛体系回归国民教育体系，同时，职业竞技体育回归体育文化产业体系，社会体育回归体育产业市场体系和公共服务体系，这是新"举国体制"的框架构成。

一般认为，目前世界上主要存在3种青少年训练体系：①苏联体系；②以高校体育为核心的美国、日本式体系；③以课外体育俱乐部为核心的德国体系。竞技体育主要存在于美国、日本式体系。中国的体教融合应该是从第一种体系向第二种体系的转变。

应该说，这种转变并不是很难。从世界范围看，美国、日本式体系是多数，拥有众多成功的经验和借鉴模式，在新中国成立初期实施"体教分离"之前的青少年训练竞赛就是存在于这种体系中的。体教结合以来青少年学生运动训练取得的成果为其向国民教育体系的回归奠定了基础，主要表现在以下几个方面：①学校内青少年训练竞赛条件大为改善；②学校教练和裁判人才有了相当的储备，不少优秀退役运动员成为各级学校的体育教师；③教育系统组织和举办大型学生竞赛乃至国际比赛的能力不断提高；④大学高水平运动队在招生和培养优秀运动员方面积累了一定的经验并有了一些成功的案例。

2014年开始的"校园足球"是体教融合的一次很好的实践。"校园足

球"实际上是在国民教育体系内建立"足球人才培养体系"的尝试，对其建立的路径和方法进行了探索，一些优秀的"校园足球"经验为新的青少年训练竞赛体系树立了标杆。"校园足球"彰显了通过搞好大学足球队布点并创建大中小学名牌联赛，以充分发挥知名大学"龙头牵引"效应，建立自上而下的大中小学名校足球运动队梯队，进而建立好体育经费进入教育经费、足球教练队伍回归高校、强化学生运动员专业学习与学籍管理等的方法论体系。

第三节　我国体教融合转变方略

一、体教结合向体教融合转变的必然性

（一）体教融合是实现中国梦的要求

近些年，我国在奥运会、亚运会上取得了举世瞩目的成绩，我国国旗屡次在国际赛事上飘扬，但我国距离实现体育强国的目标仍有可前进的空间。我国竞技体育运动基础设施比较薄弱、劳动群体的健康意识比较落后、高校学生的运动素养也比较低，这些都约束了我国竞技体育事业的发展。

实现竞技体育的可持续发展，一方面需要获取社会力量的支持，从社会中获取发展资源；另一方面需要改革体育管理体制，使竞技体育管理走向法治化、规范化和有序化，逐渐建立起遵循教育规律和体育运动发展规律的管理运行系统。

体教结合模式在一定程度上为我国培养竞技体育后备人才作出了较大的贡献，但是由于体育部门和教育部门未能建立深入的合作关系，以及学校的体育设施、教练员水平等因素的制约，阻碍了我国竞技体育事业的深入发展。这就需要构建体教融合人才培养模式。体教融合在实现中华民族伟大复兴的中国梦方面具有重要意义。

（二）体教融合是实现人的全面发展的客观要求

在体教融合培养模式下，以体教结合为基础，实现教育系统和体育系统的融合，注重学生运动员的文化教育，为学生运动员提供良好的文化氛围。采用灵活性的教育方式，有利于促进学生运动员的全面发展。

（三）体教融合是构建社会主义和谐社会的内在需要

构建社会主义和谐社会是体教融合的重要驱动力。体育活动所具有的健身和养心功效不言而喻，在一定程度上满足了个体的精神需求。在校园内开展竞技体育活动，在增强学生身体素质的同时，丰富了学生的精神文化生活，填补了学生心灵上的空缺，在帮助学生培养正确的人生观、世界观和价值观方面具

有重大的教育意义。

此外，学校在长期的发展中，形成了独有的文化氛围和学习环境，潜移默化地影响学生的情操和思想道德修养，在促进学生的全面发展方面有着天然的优势。在体教融合的指导理念下培养新时代竞技体育后备人才，让学生运动员得以在良好的文化氛围下开展运动训练，有利于净化学生运动员的心灵，实现学生运动员的全面发展。

（四）体教融合是世界竞技体育强国培养后备人才的潮流趋势

为了建成体育强国，各国都采取多种措施强化国家对体育的支持和管理，但前提都是将体育竞技融入现代教育中，培养竞技体育后备人才成为教育部门的重要使命。如澳大利亚、韩国和法国等，都高度重视竞技体育和教育的融合，并出台了一系列的法律法规，为建设体育强国提供保障。

如今，世界竞技体育强国都采取体育融合模式培养后备人才。我国应当立足于本国国情，致力于体育融合建设。

二、体教结合向体教融合转变的可行性

（一）体育行政职能改革为体教融合打破壁垒

二十世纪八十年代，我国的工作重心转移到经济建设中来，打破了计划经济体制的束缚，逐渐建立起社会主义市场经济体制。

迎着改革开放的春风，在体育管理体制方面，体育行政部门的职能得到优化和改善，行政垄断性的竞技体育体制壁垒被打破，一系列的改革措施取得了显著的成就，但是随着社会主义市场经济体制的建立，竞技体育事业的发展现状和经济体制之间的矛盾日益凸显。

随着深化体育体制改革目标的提出，要求政府"简政放权""政体分开"，体育行政部门的职能转变为以研究体育事业规划、制定行业政策和贯彻落实体育方针为主，体育行政部门的管理和服务职能得到加强，具体的体育竞技事项交由社会团体和事业单位组织和管理，社会团体开办体育事业的积极性得到加强。在 2008 年北京奥运会成功举办之后，我国体育管理体制开始全面改革。

（二）"双减"政策助力体教融合

"双减"政策（减轻学生作业负担和校外培训负担）实施之后，中小学生的学业负担减轻。体育教育如何抓住机遇进而实现高质量发展？聚焦学校主体和学生需求，多方联动，体育教育为"双减"政策落地探索出新模式。"双减"政策落实的同时也在推动"双增"，即增加学生校内参加户外活动、体育锻炼、艺术活动、劳动活动的时间和机会，增加学生校外接受体育和美育方面课外培

训的时间和机会。以"双减"带动"双增"，充分发挥体育、美育、劳育的作用。

体育运动对青少年的身体发育有着重要的影响，规律的体育运动会让人的身体重复地受到刺激，对应部位的肌肉、关节会产生"应答"，从而不断提高身体素质。四川师范大学体育学院副教授沈建峰提到，无论是自己运动还是与同伴一起运动，都会促进个人使用知识能力的提高，也会促进个人向实践运用知识能力的发展。

二十世纪八十年代，美国教育学家、心理学家霍华德·加德纳（Howard Gardner）将人的智力分为 8 个部分，分别是：语言智力、逻辑数学智力、音乐智力、空间智力、身体运动智力、人际关系智力、自然智力和内省智力。这些智力因素在体育锻炼中都能得到有效的培养。"双减"政策实行后，学生的学业负担相对减轻，有更多的时间和机会走向户外，进行体育活动，让身体各方面都能得到锻炼。

（三）"全民体育""全民健身"为体教融合营造良好氛围

除了"双减"政策外，体教融合的另一背景就是我国"全民体育""全民健身"的强劲趋势。竞技体育事业能反映出一个国家的综合国力和体育竞技水平。青少年是未来体育强国建设的主力军，强化青少年的体育意识，让青少年从小感受到体育竞技的魅力，受到体育精神的熏陶，能为国家储备体育人才奠定基础。

近年来，"全民健身""全民体育"的氛围浓厚，社会各界均参与其中，不少学校也会定期开展体育运动主题活动，这为体育人才的发掘和培养提供了契机。

（四）北京奥运会为体教融合留下精神遗产

北京奥运会留下的精神遗产是一种珍贵的精神文明成果和智慧结晶。从两次申奥到北京奥运会圆满结束，在中国这片古老的土地上传播了奥林匹克的精神和理想，加快了中国与世界的融合，也为东方文明的传播与交流搭起了一座新的桥梁，为中国社会留下了宝贵的精神财富。

在竞技体育领域，奥林匹克精神要求在体育和教育融合的过程中，实现人的全面发展。北京奥运会坚持以人为本的奥运理念，影响了数以亿计的中国青少年，深化了青少年对竞技体育的认知，为学校开展竞技体育活动提供了重要的指导，为体教融合的发展奠定了精神文明基础。

体教融合追求的是竞技体育运动在人的全面发展方面的促进作用，在培育竞技体育后备人才的过程中，以学生运动员为本，保证了学生运动员接受良好教育，实现了学生的身心健康发展。

（五）"阳光体育"为体教融合奠定群众基础

随着信息技术的高速发展，人们足不出户也能"知晓天下事"，但这有可能导致青少年不热衷于户外运动，加上学业的压力，学生整体身体素质水平严重下降。针对这一现状，教育部、国家体育总局和共青团中央共同提出"阳光体育运动"，这是坚持"健康第一"、贯彻落实素质教育的重要举措。

"阳光体育运动"是在《国家学生体质健康标准》的指导下，在全国范围内开展的青少年阳光体育运动，旨在帮助青少年学生走向操场、走近大自然，帮助其主动开展体育活动，培养其运动爱好，从而实现增强身体素质的目标。这一活动丰富了学校的体育文化生活，为学校的体育活动注入了生机与活力，有重大的现实意义。一方面，能够加深社会对学校开展体育工作的认识和理解，改变传统的体育观念，推动学校竞技体育的发展；另一方面，有利于普及群众性体育，挖掘有潜力的体育人才，为体教融合发展奠定群众基础。

三、体教结合向体教融合转变的具体策略

（一）转变教育观念，树立大教育观

在知识经济时代下，教育和人的发展都被赋予了新的时代内涵。想要推动社会的进步和竞技体育事业的发展，就必须树立大教育观，推动人们综合素养的提高。教育界和体育界应当转变传统理念，统一思想，认识到竞技体育实际上是教育的重要组成部分。将竞技体育融入教育当中，将学生的运动训练贯穿到教育的全过程，是学校发展竞技体育的重要职责。只有这样，才能实现学生的全面发展，才能符合时代对人才的要求。

作为培养人才的主阵地，培养体育人才是学校不可推卸的使命、责任与担当。具体做法为：首先，普及九年义务教育和提高教育质量，这是体教融合发展的根本所在，要在德智体美劳全面发展的前提下，注重学生运动兴趣的培养，帮助学生树立运动意识；其次，高中阶段学校需要在遵循竞技体育发展规律的基础上，为具有体育特长的学生提供发展机会，提高学生运动员的竞技水平；最后，在大学时期，高校应当为具有体育特长的学生在选择职业方向上提供指导，以便为国家队输送高水平体育竞技人才。对于市场化程度不高的体育项目，可以让运动员在国家和社会的扶持下参加国内外赛事。最终建立起以学校为基础、多层次的竞技体育人才培养和输送渠道网络，实现竞技体育与教育的真正融合。

在体教融合大环境下，学校成为培养竞技体育后备人才的唯一途径，适应了时代发展的需要。此外，学校应当树立大教育观，不断更新自身的教育理念，开拓创新，为实现学生的全面发展不懈努力。

（二）转变部门职能，发挥教育部学体联的作用

政府部门的简政放权，让体育行政部门的工作重心转移到管理和服务建设中来，主要包括全面健身、运动竞技、体育产业的宏观规划、指导和监督等方面，要求体育部门围绕学校的竞技体育建立相关的发展机制，调动社会各界的力量为学校发展竞技体育提供支持。

体育社团在体育活动中扮演着越来越重要的角色。作为教育部直属事业单位，教育部学生体育协会联合秘书处将承担起培养竞技体育后备人才的重担。

以前由政府直接控制的学生体育协会各项管理权力下放到社会各个组织当中，教育部体育卫生与艺术教育司对高校体育教学和竞赛事项由直接领导转变为间接指导，单一的大学生体育协会会员制度向多元化发展。同时引入大批先进的体育设施，制定有关竞技体育的规章制度，充分发挥学生体育协会的主观能动性。

（1）在现有机构保留的基础上，学生体育协会适当增加一些管理部门，如监督和市场开发部门，保证协会组织的市场化运转，吸纳足够的社会资金来促进自身的发展。

（2）制定相应的训练管理办法和竞赛管理办法。

（3）指导单项学生体育协会的组织和管理工作，提高管理效率，明确分工，划分各部门的职责。各单项学生体育协会也应当建立相应的组织机构，以便更好地开展学校竞技体育活动。

（4）加强学生体育赛事的招商引资，推动赛事的市场开发。

（三）转变管理机制，构建体教融合运行机制

体教融合运行机制是指在发展竞技体育事业中，体教融合各要素充分发挥作用的机制和原理。从社会学的角度看，体教融合运行机制分为动力机制、激励机制、控制机制、整合机制和保障机制。

1. 动力机制

对某种需求的渴望为人们的行为提供充足的动力。根据主体三层次划分，体教融合动力机制可分为运动员和教练员的微观层次、学校等的中观层次、国家和社会的宏观层次。各层次主体的需要都能够为体教融合的发展提供某种动力，各主体的需求指向组成一个完整的动力机制。对于学校来说，开展竞技体育赛事活动也是为了满足学校自身的需求，可视学校为一种个体需求与国家需求的传递媒介。

体教融合动力机制与社会制度、结构和意识影响存在密切的联系。首先，体教融合动力机制取决于当时的社会生产力发展水平；其次，体教融合动力机制是社会需要和个人需要相结合的产物；最后，体教融合动力机制旨在培养体

育竞技后备人才，为体教融合提供适度的动力。适度的动力能够推动竞技体育秩序的有序化，满足各主体的需求，调动各主体的积极性，同时将各主体的行为控制在一定的规范之中。

因此，在运行体教融合时应发挥各主体的协同效应。首先，政府职能应侧重管理和服务职能，充分发挥宏观调控的作用，通过权力下移来调动社会和学校发展竞技体育的积极性；其次，学校作为个体需求和国家需求的传递媒介，需要协调好矛盾冲突；最后，学生运动员需要为了自身的价值追求而努力，促进自身的全面发展，调动自身运动训练的积极性。

2. 激励机制

激励机制是指在组织或引导成员的行为方式和价值理念过程中采取的措施，包括激励标准、激励手段和激励过程。体教融合激励机制旨在使各主体的价值观念与体教融合的目标保持一致，激发竞技体育发展的活力。

一个健全的体教融合激励机制，有利于调动各主体发展竞技体育事业的积极性，构建起符合社会运行发展的行为规范和价值观念。培养竞技体育后备人才属于公共事业，基于自愿和半自愿的原则，因此，在建立激励机制的过程中，应当保证激励的全面性、公平性、灵活性，坚持正向激励和反向压力相结合的原则。学校在分析学生运动员水平时，不能仅从运动成绩分析，而需要从思想、文化等综合素质方面加以评价，所采取的激励措施应尽可能有一个良好的标准，以充分调动学生运动员的主观能动性。

要做到体教融合模式下学校的激励、以教练员为主的相关人员的激励、学生运动员的激励相结合，做到物质激励和精神激励相结合，构建具有中国特色的体教融合激励机制，为竞技体育事业的发展注入生机和活力。

3. 控制机制

控制机制是指为了维持社会秩序，保证社会这一系统良性地运转下去，采用各种手段，调动各种资源，使得社会的个体和群体遵守社会的规范。

体教融合控制机制指采用各种控制手段，帮助个体和群体遵从体教融合的规范，将他们的行为限制在既定的目标范围内，以维护体教融合的秩序。

对于运动员来说，控制机制旨在引导运动员建立科学的行为方式和价值观念；从学校的角度来说，控制机制旨在将学校的职责、权力等限定在一定的范围内，协调各所学校之间的竞争关系；从宏观的角度看，有效的控制机制有利于协调体育系统和教育系统的关系。

体育融合控制机制包括控制手段、对象和过程。控制手段包括法律法规、媒体监督、同行互律和自律等。学校体育协会应当制定相应的竞技体育规章，以规范学校、教练的培养活动，保障社会媒体对竞技体育后备人才培养过程的监督权；学校之间通过同行互律，树立起高度的责任感，对培养竞技体育后备人才的重要意义有充分的理解；个体自律体现在激发学校等组织的动机和利他主义倾向。多种手段综合使用，构建起一个完善的体教融合控制机制。

4. 整合机制

体教融合整合机制是指在体教融合整合过程中，各要素相互联系和相互作用，目的是协调各方的利益。

体教融合在社会主义市场经济体制下呈现多元化特征，因此，建立与市场经济相适应的体教融合整合机制是有必要的。第一，坚持以人为本的科学发展观，整合重点以"学校培养竞技体育后备人才和全面发展的社会主义接班人"为主，构建起纵向和横向的整合体系；第二，协调各方需求，在适当的条件下转化为从事竞技体育运动的动力；第三，借助教育、宣传和社会媒体等多种方式，推动文化的整合，帮助学生运动员树立集体意识和爱国主义情怀。

建立有效的体教融合整合机制，适应了我国社会主义初级阶段的基本国情，在此基础上整合各种资源，竭力促进竞技体育事业的发展。

5. 保障机制

体教融合保障机制是指为避免体教融合系统的畸形发展，采用各种保障手段为其提供必要的资源和条件支撑，以维护体教融合运行的安全性和灵活性。

体教融合保障的对象包括竞技体育后备人才培养主体和培养制度等。对于运动员、教练员等相关人员的保障，要求拓宽人才流通渠道，利用有限的竞技人才资源来提高资源的整合效率，逐渐建立起以国家投入、社会资源配置和高校体育产业经营为主的竞技体育发展资金保障体系；同时，科学规划高校体育设施建设和布局训练场地，借助科研团队的优势，提高竞技训练的服务水平；此外，要为运动员的营养摄入、恢复和治疗等提供保障。

（四）转变项目布局，与"奥运战略"相衔接

竞技体育发展战略应当以"奥运战略"为重心，"奥运争光计划"是我国竞技体育的重要工作。因此，学校在竞技体育项目的布局和设置上，应当与"奥运战略"保持一定的衔接性。

首先，结合当地的地貌特征和气候条件，学校应充分利用各种优势合理设置竞技体育项目，在立足自身实际情况的基础上，保障学校竞技体育的发展。如西部、北部地区学校适宜发展体能，华南地区学校适合发展灵巧类的小球运动项目。

其次，学校的运动项目设计需要在我国竞技体育发展目标的指导下进行，需要立足于整体。在充分发挥地域优势、学校优势的同时，学校必须把握全局，兼顾优势和劣势项目。在设计项目时，既要开展奥运会等大型竞技赛事项目，又要开展容易推广和普及的在学生中受欢迎的项目。如跳水、乒乓球、举重等优势项目，应当重点规划。

最后，学校的项目设置需要结合项目自身的特点，充分利用各种资源。新中国成立以来，我国体育系统储备了大量的体育资源。在发展过程中，学校坚持包容性和开放性的原则，促进资源的合理配置，减少重复建设的现象，加强对体育设施的补充和维修。

（五）转变竞赛目的，重构体教融合竞赛体系

竞赛关系到竞技体育资源的配置、项目布局和竞技体育人才培养体系等多个方面。在体教融合模式下，应当构建科学、合理的竞赛体系，推动竞技体育事业的可持续发展。

1. 明确学校竞赛的目的

学校在组织青少年竞赛的过程中，应当明确举办赛事的目的。体育竞赛应当以反映训练成果、选拔人才和提高青少年的竞技能力为主，不能过于强调商业价值，需要弱化"唯金牌论"的观念。因此，学校在开展体育竞赛时，应当坚持以人为本，关注青少年的全面发展。

青少年体育竞赛的目标在于推广体育运动，让全民参与到身体锻炼中来，发现和选拔竞技体育后备人才；而青年阶段比赛的目标则在于训练队伍，提高竞技水平和输送人才。基础、低级别的竞赛应当以培养青少年的兴趣和提高青少年的基础能力为主，避免过早的专项化。

2. 划分竞赛区域，分层次进行比赛

考虑到我国幅员辽阔、学校众多、学生基数大、学校资金有限的实际情况，学校体育协会应当根据行政区域的划分，将全国分为华北、东北、华南、中南、西南、西北、港澳台7个区域开展学校间体育竞赛，每个区域自己组织体育竞赛。此外，还应当坚持以下原则：①坚持增加比赛场次原则，可将比赛分为校级、区级和国家级，为学生运动员提供更多的锻炼机会；②坚持利用节假日原则，避免比赛影响文化学习；③坚持挖掘、选拔和输送人才的原则。

在设计竞赛流程时，学校应当结合参赛学生运动员的特点和层次水平，构建不同层次的竞赛体系，以确保竞赛的公平公正公开，激发学生参加运动竞赛的积极性。根据学生所处的不同阶段进行分组（如田径、乒乓球、游泳、跳水、足球、篮球等项目的竞赛分为7～9岁组、10～12岁组、15～17岁组比赛；在大学根据学校标准划分比赛，如普通大学组、职业院校组、体育院校组比赛），由高校体育协会负责具体的竞赛事项，形成完整的竞赛体系。

3. 加强竞赛监督

在体育竞赛中最重要的是公平，需要在比赛层次、运动员的参赛资格等各个方面制定可行的细则，包括建立监督体系和竞赛法规体系等。

竞赛委员会（制定和完善相应的规章）、比赛资格认定委员会（审核参赛选手的年龄和学习成绩等）和违规处罚委员会（对违反赛事规章的学校和个人进行处罚）组成竞赛监督体系。此外，竞技体育赛事应当限制学生的参赛次数等，保证学生享有充足的学习时间。

（六）转变筹资渠道，加强学校竞赛市场开发

体教结合模式下的训练经费来源主要是国家财政拨款，而体教融合的培养模式有丰富的筹资渠道，可以利用高校体育竞赛市场的天然优势，筹集到更多的经费。首先，作为培养人才的重要教育机构，学校能够吸收到部分慈善机构的捐助；其次，学校举办竞技体育活动，辐射范围大，能够吸引企业的广告投资；最后，学校学生的消费潜力大，学生是未来主要的消费群体，能够吸引企业的赞助。

随着我国学校竞技体育事业的市场化程度不断加深，学校的体育竞赛活动能够拉到一笔可观的赞助，各级高校体育协会充分发挥市场主体作用，通过开展竞赛等相关活动获取社会各界的资金和技术支持。

1. 打造学生赛事品牌，提高学生赛事的知名度

赛事品牌反映了赛事的质量和市场价值，属于一种无形的竞争资本。体育协会在赛事市场竞争的过程中，应当采取"品牌定位和运营"等策略，打造出属于自身的赛事品牌，以获取良好的经济和社会效益。除了致力于提高赛事质量，还应当加强与新闻媒体等机构的合作，在本地区乃至更大的范围为赛事造势，提高赛事的知名度。

2. 多途径开发市场

对于各级体育协会来说，可以成立相应的市场研发部，一同制定竞赛市场的营销策略。如采用获取社会企业的赞助、赛事冠名、销售门票等各种方式，增加赛事的影响力，拓宽赛事产品的销售渠道。

3. 避免过度商业化

市场化运作方式为学校的竞技体育赛事带来了生机和活力，但是需要坚持适度商业化原则，否则可能出现破坏竞技体育赛事规则的现象，会有损学校的形象。如虚报年龄、"打假球"、裁判"吹黑哨"等。因此，必须对竞赛体系加强监督，避免学校的体育竞技过度商业化。

4. 强化企业商业回报

以高校体育竞赛为载体，展示赞助企业形象，宣传企业品牌，通过广告等各种途径回报企业，如邀请企业负责人参加开闭幕式、发布会、为运动员颁发奖章等。这样既能达到宣传企业的目的，企业的投资得到了回报，又能够进一

步建立学校和企业间的友好合作关系。

5. 正确处理竞赛市场化和运动训练的关系

对于学校的竞技体育活动来说，在进行市场化运作的同时，需要把握好与学生运动员训练之间的关系。一方面，学校竞技体育赛事应当致力于提高赛事的服务和质量，使得赛事工作发挥应有的社会效益和社会价值，这是首先需要考虑的。另一方面，在安排竞赛时，时间和场次都需要合理，应当以学生运动员的身心健康为出发点，保证学生运动员的文化教育，坚决杜绝将学生视为实现商业利益的工具的现象。

第三章 CHAPTER THREE

体教融合视域下高校体育教育教学体系的创新与发展

第一节 高校体育教育目标的创新

步入 21 世纪，知识不断更新，科技迅猛发展，社会发展对人的素质提出了更高的要求。这就要求全面实施适应 21 世纪的教育。教育是一种培养人的活动，它既具有历史文化的继承性，又具有知识再生的创新性。教育是人通过自己有目的的对象性活动而创造的一种新型进化方式，而不仅是生物性活动或个人心理活动，这也是 21 世纪的教育精髓所在。因此，教育不仅在过程中要提高人的全面素质，而且更应当突出对学生创新能力的培养。体育是现代教育的重要组成部分，它不仅与其他教育具有一致性，而且具有自身的鲜明特性。体育能够为学生提供独有的、开阔的学习和活动环境，以及充分的心理、操作、实践的表现机会，对于促进学生创新能力的发展具有其他学科无法比拟的优势。可见，培养学生的创造性思维和创造力必将成为 21 世纪体育教学追求的目标。

一、体育教育目标概述

目标是指人们想要达到的境地或标准，是人们通过努力在一定时期内期望达到的预期结果。体育教育目标是指在一定的时间内，体育教育实践活动期望达到的预期结果和标准。它是各项体育教育工作的出发点和归宿，也是体育教育目的的具体化或精细化。它决定着体育教育的发展方向、内容和实施过程，也是评价体育教育工作的根本依据。

（一）体育教育目标与体育教育目的

一般来说，目的比较抽象，是某种行为活动普遍的、统一的、终极的宗旨或方针。目标则比较具体，是某种行为活动的特殊性、个性化或阶段性的要求。某一行为目的的最终实现有赖于许多隶属的具体行为活动的完成。目的的内涵和精神贯穿于各个具体目标之中。

体育教育的目的就是通过体育教育达到最终想要的结果。目前，我国体育教育的目的是与其他各种教育相配合，来促进学生正常生长发育、增强体质、增进健康，使学生形成良好的思想品德和意志品质，使学生成为德智体美劳等全面发展的社会主义建设者和接班人。体育教育目标与体育教育目的的主要区别如下：第一，体育教育目标具有一定的阶段性，它是对某一阶段学生在经过一段时间学习后所达到结果的期待，并没有终止。当达到某个阶段的体育教育目标后，就应以此为基础和起点重新设置一个更新的、更高的学习要求，并把这一学习要求作为今后学习实践活动的行为导向。而体育教育目的带有最终性的含义，它适合于体育教育的任何阶段，是体育教育通过各个阶段、各种类型的教育或学习活动后所应达到的最终效果，具有长远性和长效性。第二，体育教育目标具有具体的方向性，是特定的价值取向的反映，它告诉教师和学生"走到哪里""怎么走"。而体育教育目的却没有这种明确的指向性，它揭示的是体育教育要实现什么样的终极价值，对受教育者庇护产生哪些实质性的改变。第三，体育教育目标具有积极进取的前瞻性和激励作用，虽然它是体育教育付诸实施之前对体育教育工作和学生学习效果的设想，但它对于激励师生共同努力进取具有很好的作用。而体育教育目的是对体育教育在整体上、宏观上最终应实现的价值、功能和作用等的高度概括。

虽然体育教育目的与体育教育目标存在较多的实质性差异，但两者之间又具有一定的统一性和协调性。体育教育目的比体育教育目标更稳定，一旦确定后在很长一段时间内不会更改，体育教育目的是体育教育目标形成的依据和精髓。体育教育目标以体育教育目的为导向，但它比较灵活，针对不同特点和层次的教育对象、教育要求、教育环境条件等因素会产生相应的改变，使体育教育目的在实现过程中有步骤、有层次地体现。体育教育目标始终贯穿和渗透着体育教育目的的核心思想和要求，并以此为归属。

在体育教育目的确定后，体育教育目标应以体育教育目的为归属，将体育教育目的分解、渗透、内化在教育目标中，使之协调一致。从不同的层次和角度来主导体育教学过程，通过各个体育教学目标和实践活动的积极参与实现体育教育目标，最终达到体育教育目的的要求。

（二）体育教育目标特征

1. 社会性

体育教育不仅是一种教育活动，也是一种社会现象。体育教育的存在和发展与社会状况有着密切的联系，国家政治、经济等因素直接影响着体育教育的性质和实施状况。由于体育教育对人的发展起到至关重要的作用，所以它在一定程度上影响着社会整体的发展。体育教育目标能体现出一定时期社会的特征和阶级利益的需要，并为社会发展发挥一定的作用。

2. 指导性

目标对人们的实践活动具有激励和导向作用，它调节并维持着各种活动的发展方向。体育教育目标影响和制约着体育教育的发展，它明确了体育教育发展的方向，是体育教育各部门和实施者的行为准则和工作要求。同时，它也对受教育者提出了具体的学习要求，使其能明晰自己的学习任务和努力方向。

3. 系统性

体育教育目标是由不同阶段、不同类型、不同性质的子目标构成的有机整体。它们并非孤立存在，而是依照一定的规则和要求有序排列，环环相扣。它们既互为前提和基础，又相互弥补、相互扩展，形成最优化的组合，共同发挥体育教育的整体功效。

4. 科学性

体育教育目标虽然是对体育教育工作的整体规划和效果预计，但它是在充分考虑了社会和教育发展的需求，结合体育教育的本质特征、学生与体育教师的实际特点、客观教学条件和环境等因素后，才得出的关于体育教育发展的规划。它为体育教育工作提供了检查和评定的依据。体育教育目标不仅能反映出体育学科的本质功能，也具有明显的可行性、可观测性和客观性。

5. 层次性

各年龄段学生的身心特点有较大的差异，因而学生在不同的学习阶段有着各自特定的体育教育目标，包括学前、初等、中等和高等体育教育目标等。另外，根据实现周期的不同，体育教育目标可分为短期目标和长期目标。虽然从表面上看各类目标的内容不同，但实际上它们之间从低到高、从小到大或从具体到抽象，都存在着一种递进的层次性。各类目标相互间具有一定的从属关系。

（三）制定体育教育目标的依据

1. 社会政治状况、经济发展水平及体育事业发展的需要

体育教育受一定的社会政治状况和经济发展水平的限制，这些因素决定了体育教育的发展方向和进程。我国正处于社会主义初级阶段，现阶段的任务是发展社会生产力，满足人们日益增长的物质和精神文化需要。因此，我国的体育教育目标必须坚持社会主义方向，围绕社会主义初级阶段的根本任务，为提高全国各族人民的健康生活水平服务。国家的经济发展水平决定了体育事业发展的规模和水平。我国仍处于社会主义初级阶段，人口众多、全国居民人均可支配收入不高、地区间经济发展不平衡，这是制约我国体育教育目标发展速度和实现程度的主要因素。

同时，体育教育作为一项特殊的教育活动，不仅是学校教育的有机组成部分，也是体育工作的重要构成部分。体育教育目标必须与教育及体育事业的发展方向一致，并对其发挥积极的促进作用。只有这样，体育教育才能获得持续、稳定、健康发展的宏观条件和前提保障。

2. 体育教育的本质功能和基本特点

增强体质、增进健康是体育教育的本质功能，而身体直接参与体育实践活动是其基本特点。因此，体育教育目标的制定应突出强调身心协调健康发展，并通过大量的身体实践活动积极促进体能的发展，为终身体育意识的养成做好各项准备工作。正因为增强体质、增进健康是体育事业区别于其他任何事业功能的本质特征，所以体育教育的本质功能及基本特点理所当然地成为确定我国体育教育目标的重要依据。

3. 学生的身心特点及实际需求

学生是体育教育目标的体现者，不同年龄阶段及不同性别学生的生理和心理发展状况有明显的差异。他们在运动能力、认知水平、运动兴趣及体育需求等方面都有差别。这就要求体育教育在内容的选择、组织形式以及方法手段的安排等方面要做到区别对待。体育教育目标的制定要考虑学生的生理和心理特征，这样才能使体育教育目标的科学性和操控性更强，也能更好地体现学生的主体性。还要充分了解学生的实际需求，包括体育学习需求、锻炼需求、近期需要与长期需要等，使体育教育目标更贴近学生的生活，以达到让学生终身受益的效果。

另外，制定体育教育目标时还应充分考虑到各地区、各学校所能提供给体育教育的实际条件，包括体育教师的素养、场地与器材设备、教学规模与教学时数等情况，切实保证体育教育目标具有可行性和可操控性。

（四）我国体育教育目的

我国体育工作者在遵循教育规律的前提下，结合体育的功能和自身的特点，经过体育教育一线的长期经验积累和可行性检验，确定了我国体育教育目的。我国体育教育目的是：促进学生正常生长发育，增强学生的体质，增进学生的健康，与学校各种教育相配合，培养学生良好的思想品德和意志品质，促使其成为德智体美劳等全面发展的社会主义建设者和接班人。

（五）我国体育教育总目标

根据现阶段我国的具体国情和时代发展的特征及需求，体育教育是通过各种形式和性质的体育教育活动使学生达到以下要求：①有效地增进身心健康；②能较为熟练地掌握、应用基本的体育健康知识和运动技能；③形成运动的兴趣、爱好和坚持锻炼的习惯；④培养和形成良好的心理品质，提高人际交往的能力与合作精神；⑤提高对个人健康和群体健康的责任感，形成健康的生活方式；⑥形成积极进取、乐观开朗的生活态度；⑦提高运动技术水平。

二、体育创新教育目标设计

（一）体育创新教育目标的制定

体育创新教育的起点和终点应是明确界定体育创新教育目标。能否科学合理地界定好目标，决定体育创新教育开展的成败。也就是说，面对不同年龄段的学生，体育创新教育的任务和特征应是不同的，所以务必根据学生在不同教育阶段的身心特点来明确目标体系的整体框架形式。例如，我国基础教育强调基础性，以培养学生的基本素质为主旨，尤其注重知识、能力与素质三者的协调发展。因此，在构建基础教育阶段的体育创新教育目标体系时，应本着脚踏实地的态度进行，既要着眼于学生基本的体育创新素养的塑造，也应放眼于学生未来潜能的挖掘。基础教育阶段的体育创新教育目标可以分为三大领域，即认知领域、情感领域和动作技能领域，并进一步拓展设计出横向的不同分支细化的目标体系。

（二）目标具体设计

1. 体育创新教育目标的基本特征

明确体育创新教育的目标，是体育创新教育的出发点和归宿。时代性、综合性、实践性和层次性是体育创新教育目标的基本特征。

时代性的集中体现是培养面向未来的人才；综合性的集中体现是培养综合素质高的创新型人才，也就是说体育创新教育是一种综合素质教育；实践性表现在对学生体育实践能力的培养，使学生具有参与社会体育的行动能力和社会适应能力；层次性体现在有可能进行层次化的目标设计，使培养创新人才的总体目标转化为可以操作、评价的具体的体育教育教学目标。

2. 目标设计思路

以总目标为导向来设计目标体系，将总目标在纵向和横向两个方面逐层分解，形成可操作目标体系，即要完整、全面地体现体育创新教育总体目标的规定与要求。在高等体育专业教育中，体育创新教育总体目标可以确定为"培养具有创新精神和创新能力的高级专门体育人才"，那么在设计目标体系时，就应当以此为主线，构建以创新精神、创新能力和专业能力为基本要求的培养目标体系。

3. 目标设计要求

（1）目标体系的设计需要符合体育学科的阶段性特征。不同的教育阶段应当有不同的培养目标，正确的目标定位是实施体育创新教育的基础与前提。在不同的教育阶段中，体育创新教育应具有不同的任务和特征，因此必须结合各个阶段的特点来确定目标体系的结构方式。例如，基础教育强调基石，以培养受教育者的基本素质为主要任务，强调知识、能力与素质三者的协调发展，因此，在设计基础教育阶段的体育创新教育目标体系时，不可好高骛远、急功近利，而要着眼于未来、着眼于体育创新素质的养成。基础教育阶段培养目标可选择创新精神与创新意识为主体或重点，兼顾创新能力的培养。高等体育专业教育以高级专门体育人才的培养为主要任务，强调专业技能的形成，因此，高等教育阶段的体育创新教育目标体系的侧重点应放在创新精神与创新能力的培养，兼顾创业精神的培养。

（2）适应受教育者需要。现代体育教育强调以人为本，要注意受教育者的自身发展需要，实施个性化教育。为了满足不同年龄、不同知识背景、不同爱好和不同个性的受教育者的需要，体育创新教育培养目标也应该具有弹性，即在统一要求、统一规格的培养目标中能够体现发展的目标，能够体现同一目标下不同类别和水平的要求与规格。但这并不意味着每一个受教育者都要达到同一水平。在评价指标体系中，可以采取分级分档的办法，以适应不同的教育对象。

体育创新教育目标设计不应该是僵化和固定的，而应该是动态发展的，它需要在实践中不断地调适和优化以适应体育创新教育的发展。

（3）两类目标体系。依据上述体育创新教育目标的特征和设计思路，可以构建横向和纵向的体育创新教育目标体系。横向体育创新教育目标体系的构建是根据体育创新教育总目标进行分类设置；纵向体育创新教育目标体系的构建是根据体育创新教育的层次性，在不同的方向上进行总体目标的逐级分解。

①横向体育创新教育目标体系。体育创新教育的基本目标是使受教育者具有一定的体育创新知识、体育创新能力和体育创新素质。根据基本目标构建横向体育创新教育目标体系（表 3-1）。

表 3 - 1　横向体育创新教育目标体系

基本目标	体育创新知识		体育创新能力					体育创新素质		
具体内容	体育知识信息	体育知识结构	观察能力	记忆能力	想象能力	思维能力	实践能力	品德	胆魄	毅力

　　体育创新教育目标可分为三大领域，即认知领域、情感领域和动作技能领域，并构建出横向体育创新教育目标体系的基本框架。认知领域包括记忆、领会、简单应用、综合应用、创新，情感领域包括接受、思考、形成价值观念、组织价值观念系统、价值体系个性化，动作技能领域包括接受、模仿改进、完善、移植创造等。

　　②纵向体育创新教育目标体系。体育创新教育总目标（第一个层次目标）是在培养学生体育学科综合能力的过程中，使学生的创新精神和创新能力得到有计划的系统的发展。

　　第二个层次目标是根据不同教育阶段来拟定体育创新教育目标。如在基础教育阶段，体育创新教育应该使学生了解体育创新的历史，理解体育创新的历史意义和现实功能，树立初步的创新意识与心理品质，在提高体育学科能力的同时增强创新能力，在体育实践活动或者体育创新活动中表现出自主性和创造性。在高等教育阶段，体育创新教育应培养受教育者较强的职业竞争意识与创新开拓意识，在掌握专业基础知识和专业技能的基础上具备较高层次的创新知识和创新能力，形成较稳定和较全面的创新基本素质。在继续教育阶段，体育创新教育要使受教育者形成良好的创造性素质，具有创新开拓、创业致富的能力与本领，不仅能较好地适应社会生活和职业岗位的变化，而且能开创新的生活。

　　第三个层次目标是课程目标的设置。体育创新教育的课程设置要敢于推陈出新，不仅要在传统的课堂教学中实施，而且要注意隐性课程对学生意识与心理的陶冶，培养学生的创新意识和创新个性。要拓宽体育实践活动的领域，可以结合综合实践活动课程综合开发体育创新实践活动。在实践活动中，培养受教育者的综合素质与综合能力，充分调动受教育者的创新欲望与潜能。要将课程目标进一步具体化为单元目标、主题目标或者按运动项目设计的目标。教师可以根据单元目标和课时目标编写出具体详尽的教案，对学生进行创新教育。

第二节　高校体育教育内容的创新

一、体育教育内容的性质

体育教育内容是体育教育核心价值观的体现和载体，是实现体育教育目标的基本途径，也是教师和学生发生各种教学关系的纽带，是学生接受体育教育必不可少的组成部分。体育教育内容是根据体育教育目标和实施要求，结合学生发展的需要和客观实际条件，以身体运动为基本形式，使学生在身体、心理、情感、道德和社会适应等方面都获得全面健康发展并形成运动技能的各种有关体育与健康、健身和生活的基本知识、原理、方法等内容的总称。因此，体育教育内容必须具备以下主要条件：①它以身体运动知识、原理、方法以及运动技术的掌握、运动技能的形成为主要内容；②它以身体的各肌肉群活动为媒介和方式进行教育和学习，在此过程中学生要承受一定的生理负荷和心理负荷；③它以增强体质、调节心理、形成一定的运动技能和习惯为目标，以促进人的全面健康发展为最终目的；④它必须符合体育教育目的和体育教育目标的要求，并适合学生的身体条件、运动能力、生活需求以及具体的实施环境等。

虽然体育教育内容是以运动知识、技术的传承和运动技能的形成为核心目标的，但它与竞技运动相比有较大的差异。①体育教育内容以促进人的发展为目的，并通过体育教育的实施使人获得并保持健康状态；竞技运动是以开发人的最大运动潜能、争取优异运动成绩为目的，并且在这个过程中还可能会对人体产生一定的损伤。②体育教育内容对人体健康的促进和维持作用是长期的，具有实用性和终身性；很多竞技运动项目受到自身特点的制约而很难在人们的日常生活中广泛开展，致使其运动效果和技术水平难以实现和恒定保持。③体育教育内容的选择必须以体育教育目的、体育教育目标和参与者的实际情况等因素为依据，并对运动技术及其评价标准等进行一定的组织和加工；竞技运动不能因为参与者的条件、参与目的及环境条件的不同而改变其本身的技术结构、要求、评判方法和标准等。

二、体育教育教学内容结构的特征

体育教育教学内容结构是指体育教育教学中特定的内容之间的分工配合。这个结构是学生掌握体育知识、技术技能，培养品格，进行体育方法训练，实现体育教育教学目标的基础。它必须既能满足社会的需要，又能满足作为教学主体的学生的需要。换言之，就是学生只会对能满足自己需要的教学内容产生兴趣。另外，体育教育目标的达成是建立在相关教学内容共同作用、产生良好的综合效应的基础之上的。因此，教学内容的优化组合是体育教育教学内容结构的关键，而社会需要是社会对体育教育目标的要求。从这个角度来说，满足社会需要的过程就是一个促进学生逐步提高社会化程度的过程。社会需要和学生主体需要具有统一性，但它们在满足社会需要的层次和时间顺序上是不一致的，我们必须把握体育教育教学内容结构的基本特征。

（一）体育教育教学内容结构的目的性

体育教育教学内容结构具有明显的主观目的性。只有当客观需要和主观目的相一致时，所建立的体育教学内容结构才是合理的。目的性含有两层含义。首先，在不同的学习阶段，学生对体育教育教学内容的需要是不一致的。体育教育教学内容结构要与不同学习阶段的学生的需要相对应，体现出结构的层次性，因而需要人们在丰富的体育内容中认真遴选出合理的组合，按照体育教育教学目标去确定体育教育教学内容结构。其次，体育教育教学内容结构要有利于学生形成合理的认识结构、技术技能结构、能力结构和体育方法结构。因此，体育教育教学内容结构就要能给学生在体育知识、技术技能、体育方法和终身体育能力的形成方面提供一张理想的网络，这就是体育教育教学内容结构的目的性。如在小学阶段，体育教育教学目标主要是提高学生对体育的兴趣，发展其基本活动能力，培养其自尊心和自信心，对其进行团队精神的熏陶，因而教学内容主要是活动性游戏、简单的体操和小型球类活动等，让学生在学习过程中去感受体育的乐趣，在集体练习中培养协作精神，在完成练习中树立自信，在整个活动中使各种基本活动能力得到提高。进入中学以后，体育教育教学目标的侧重点有所改变，这时的体育教育教学内容结构就需要相应进行调整。

（二）体育教育教学内容结构的联系性

体育知识和运动技能的种类极其丰富，任何体育教育教学内容结构都只能包含其中的一部分。而选取的这一部分内容，应具有广泛的联系性。通过这些内容的教学，可以有效地扩大学生的知识范围，使学生打下良好的体育运动技术技能基础并建立良好的能力结构，为学生进一步的发展创造条件。体育教育教学内容结构的联系性表现在以下两个方面。

1. 具有横向特点的广泛性

身心的发展要求是全方位的，既包括保健、营养、卫生、锻炼原理、竞赛规则等基本知识，又包括促进身体发展的各种运动技术技能和练习方法。相对广博的体育基本知识和多样化的运动技术技能，是形成良好的体育态度和体育能力的重要条件。

2. 具有纵向特点的复合性

体育教育教学内容要随着学习的进行逐步深化，这是教学的基本规律。就单一的教学内容来说，这就是它的纵向特点。但是体育教育教学目标是多元化的，它的实现依赖于多种教学内容的综合效应。因此，它势必要求多种内容结合向纵深发展，这就是纵向发展的复合性。

这种复合性和广泛性的结合，可以提高体育教学内容结构的全面性和协同性，教学内容的广博性和教学内容之间的联系性对于学生创造性的发展也是非常有利的。

（三）体育教育教学内容结构的相容性

体育教育教学内容结构的相容性表现在体育教育教学内容结构内部相互渗透、彼此贯通。只有整个内容体系相互联系，形成一个完整的知识体系，产生协同效应，才是科学的。作为一个知识结构，体育教育教学内容结构应该是纵向联系、横向相关的。这种结构内部互相关联的特性，必然要求不同的内容之间彼此相容。同时，体育教育教学内容健身效果的共性和优势现象，使它们对于身心发展的效应表现出相容性。而这种相容性使教学内容的选择更灵活，使体育知识技能的综合性更强。

（四）体育教育教学内容结构的动态性

体育教育教学内容结构要跟上体育科学发展的步伐，要符合社会发展的需要，就必须具有动态性。随着人们对体育科学研究的不断深入，在对人体的认识、体育锻炼对人体的作用、运动行为对身心的影响等方面都会产生新的知识。这些新的知识必然要及时在体育教育教学内容结构中反映出来。另外，随着社会的发展，社会对人才素质的要求是不断变化的。例如，现代社会所具有的快节奏、高竞争性的特点，对人才的竞争力、创造力和良好的心理素质有了更高的要求，这些要求应该反映在以满足社会需要和学生需要为出发点的体育教育教学内容结构之中。因此，体育教育教学内容结构总是处在一个动态的变化之中。

（五）体育教育教学内容结构的实践性

体育教育教学内容以实践为主，这是由体育的本质属性决定的。体育的基本知识以对体育的正确理解和能指导体育实践为出发点，建立起围绕体育实践而编织的知识体系网络。而体育的活动性内容则应以实践过程中对身心健康水平的良性影响为依据。换言之，就是要考虑它对体育教育教学目标的贡献，以及各个内容之间的优势互补，使之既能产生教学内容体制改革具有的个别优学目标，又能产生教学内容体制改革具有的个别优势，并且能形成多种内容结合而成的结构优势。这种优势现象的出现以实践性为前提。

三、体育教育教学内容选择的原则

体育教育教学内容包含的范围非常广泛，而真正作为教学内容的仅是其中的一部分，因此需认真遴选体育教育教学内容。在选择体育教育教学内容时，应遵循以下原则。

（一）实践性和知识性相结合的原则

实践性和知识性相结合是由体育的本质属性决定的，利用身体活动来达成教学目标是体育教育教学的一种最重要的形式。通过实践，要使身体的大肌肉群得到活动，使各内脏器官得到锻炼，同时能体验到体育的乐趣、受到品格的培养和体育方法的训练。这些都是以体育教育教学内容作为媒介来实现的。体育教育教学的一个重要目标就是使学生掌握体育知识和发展体育能力，为终身体育奠定基础。这个目标的实现依赖于实践性和知识性的结合。知识性主要体现在怎么做和为什么要这样做上。这固然要通过讲授基础理论内容来学习，但更多的是要在实践中体验、理解，通过在实践中运用来强化。体育教育教学内容就是联结实践与知识的纽带。

（二）健身性和文化性相结合的原则

健身性是体育教育教学区别于其他教学的显著特点，体育教育教学内容具有健身性是体育教育教学的本质属性的反映。文化是人类认识世界、改造世界和适应环境的产物。体育教育教学内容的文化性就是体育教育教学内容要有利于提高学生对体育的认识、促进学生体育情意的培养，有利于学生树立体育的价值观和体育理想，使学生受到良好的体育道德熏陶。健身性和文化性相结合，就是体育教育教学内容既要具有良好的健身价值，又要具有丰富的体育文化内涵。

（三）民族性和世界性相结合的原则

体育的形式和内容总是与一些国家或地区的民族文化传统和民族习俗有关。当今许多风行于世界的体育项目都是发端于各个不同的民族和国家。例如，发源于中国的武术、发源于日本的柔道、发源于希腊的马拉松等，无不具有鲜明的民族色彩。体育教育教学内容的民族性就是要把具有中华民族特点的那些优秀项目吸收进来，既发挥它们的健身功能，又发挥它们的优秀传统教育效应。然而，体育教育教学内容仅强调民族性是不够的。任何民族，无论多么优秀，在发展过程中总会受到来自方方面面、形形色色因素的约束，总会具有一定的片面性。在世界范围内来说，这种局限性就显得更为明显。因此，体育教育教学内容必须体现出民族性和世界性相结合，既要保留优秀的民族体育内容，又要充分吸取世界各民族的优秀体育内容，将它们融合在一起，使之形成一个优势互补、功能齐全的体育教育教学内容体系。

(四) 继承性和发展性相结合的原则

继承优秀的传统文化是教学的重要功能。体育教育教学内容的选择无疑是要吸收历史悠久的中华传统体育内容，使这些宝贵的文化遗产得以继承，这就是体育教育教学内容的继承性特点。但时代在前进，任何事物总是要不断地发展才能适应时代的要求，否则就必将被历史所淘汰。文化的继承是有选择的、批判性的，对于中华传统体育内容，应在有选择继承的基础上进一步丰富其内涵，在保留其原有特点和精华的前提下剔除那些落后的、不健康的内容，使其更具有时代气息，这就是体育的发展性特点。对于中华武术的继承和发展，就是体育教学内容继承性与发展性相结合原则的典型范例。

(五) 统一性和灵活性相结合的原则

体育教育教学内容要面向全体学生，它必须有基本的要求，即要有一个相对统一的标准，使体育教育教学有一个较为规范的目标。但它绝不应该是完全、整齐、划一的。首先，我国地域辽阔，各个地区的条件不一致、发展不平衡，体育教育教学的基础不在同一起点。其次，不同学生的身心发展水平有差异，体育基础和接受能力也各不相同，即使是处于同一个教学阶段的学生，也会表现出明显的不同特点。因此，体育教育教学内容必须根据教学条件和学生特点，兼顾统一性和灵活性，这样才能促进学生身心全面发展。

四、体育教育教学内容与教育内容的共性

由于体育教育教学内容是教育内容的一个有机部分，所以它首先具有与教育内容共同的特点。

(一) 教育性

由于体育教育教学内容是对受教育者进行教育，所以当人们将合适的身体活动选为体育教育教学内容时，首先想到的是其教育性。体育教育教学内容的教育性体现在：①对学生的身心发展有好处；②摒弃落后的事物（如打架斗殴等）；③既有冒险性，又比较安全；④适合大多数学生；⑤避免过于功利性。

(二) 科学性

体育教育教学内容是在学校进行的有目的、有计划、系统的教学内容，因此，体育教育教学内容必须同其他教育内容一样，具有科学性。体育教育教学内容的科学性主要体现在：①具有丰富内涵，是人类文化和科学的结晶，如身体科学原理、锻炼科学原理、训练科学原理以及相关的社会科学原理等；②科学和文化含量高；③内容的编制和教学遵循有关教学内容编制和教学的科学规律与原则。

（三）系统性

体育教育教学内容的系统性表现在：①体育教育教学内容本身的系统性，即体育运动内在的规律使内容与内容之间、项目与项目之间、技术与技术之间有着某种联系和制约因素，形成体育教育教学内容的内在结构，而这一内在结构是编制体育教育教学内容的依据；②根据教育目标、学生不同年龄阶段的生长发育特点、教学环境和教学条件，认识体育教育教学内容的内在规律性特点，系统地、逻辑地安排各个学校、各个年级的教学内容，并处理好它们之间的相互关系。

五、体育创新教育的内容

对体育教育教学内容结构、选择的各种要求并不是彼此孤立的，而是相互融合、相辅相成的，它们共同构成体育教育教学内容改革的指导思想和信息源泉。在完善学校的体育创新教育活动系统时，应考虑各种要求的协调，设计出符合体育创新教育宗旨的内容体系。

（一）体育创新教育的内容体系

在各种创造学著作或教材中，常常将思维教育、发明教育、信息教育、学习教育、科学教育、艺术教育、参与教育和未来教育等作为创造教育内容。这种设计对构建体育创新教育内容体系有一定的参考价值。当前学校范围内的体育创新教育内容体系至少应由以下几部分构成。

1. 创造性思维培养

创造性思维具有开放、求异、求新等基本特征，是创造性求解问题的心理基础。对于基础教育阶段的体育创新教育而言，并不需要专门的课程和教学去培养创造性思维，它可以在体育课程教学过程中渗透创造性思维的培养。体育领域中的重大发现、创造和发明、重要概念和规律，有其深刻而独特的思维过程，因此要善于在教学过程中揭示这些过程，培养学生的创造性思维能力，并提高学生的科学素养，帮助学生领悟科学的体育思想的创新和发展。例如，运动训练学上的"超量恢复"理论以及"系统训练"理论的创设过程，体育器材、装备、康复药品和器具的发明过程等。一名优秀的体育教师，需要在教学中使学生带着问题去参与体育活动。这样的思索应能引发学生去寻根溯源、找到逻辑关系，促进学生创造性思维的发展，而不是单一地与最终结果打交道，更不是重复训练下的单一思维方式。

高等体育专业教育领域可以专门开设创造性思维训练的课程，并与各个科目教学中的创造性思维渗透相结合。传统体育教育重视体育知识和技能的训练，在思维方式上也偏重常规思维与再现思维。在体育创造性思维培养中，应注重被传统体育教育忽视了的非逻辑思维，提高学生的想象、联想、灵感、直觉等思维水平，教会学生发散思维、横向思维、逆向思维等求新、求异的技巧。

2. 科学人文教育

科学人文主义教育思想观念，代表着 21 世纪教育发展的方向。因此，面向 21 世纪的体育教育改革需要注重科学教育与人文教育的协同。体育创新教育顺应时代潮流，将科学教育与人文教育纳入自己的教育内容体系之中，一方面注重科学教育内容的重要性，另一方面重视人文教育内容的必要性。体育创新教育应该通过体育科技内容的传授确立如下人文精神和价值观念：竞争与合作，理解与和平，人的尊严、自由与责任，敬重自然等。同时，要把价值教育放在首要地位，并贯穿于体育创新教育的全过程和各个因素之中。

3. 体育科技创新教育

体育科技创新包括体育知识创新、体育发明、体育技术创新等实践活动。贴近生活、贴近现实的体育创新教育，理应将这些方面纳入自己的内容体系之中。

体育知识创新教育侧重在体育科学方面的教育，使学生了解体育科学的价值、体育科学发展的规律，引导学生热爱体育科学，鼓励学生通过科学观察和科学实验去发现新的事实，探索奥秘，并在体育教育活动中强化求知欲望与探索精神。

体育发明教育主要包括体育发明创造的价值、创造原理与方法。通过体育发明教育，使学生破除体育领域发明创造的神秘感，能运用所学的体育科学技术知识去开创新的领域，创造新的产品，在构思新技术方案的实践中提高创新能力。

体育技术创新是将体育科技成果转化为商品并给企业带来利润的过程，是体育科技与经济的结合。进行体育技术创新教育，应让学生了解体育技术创新的功能、体育技术创新的基本过程以及体育技术创新体系的基本结构。

4. 创业教育

体育创新教育中的创业教育是侧重创业精神培养的新型体育教育理念与实践。所谓创业精神，是指人们在创办基业或事业的过程中表现出来的活力和高昂的精神面貌。对个体而言，创业精神则表现为创造新事业的一种良好的思维方式和心理状态。创业精神的形成和发扬是人们认识世界、改造世界的动力，是人们开创事业的强大精神支柱，也是我们迎接创新时代挑战不可缺少的精神力量。体育创新教育中加入创业精神教育，是我国推进体育创新教育的新思路，尤其是高等体育专业领域的体育创新教育，在注重创新精神、创新能力培养的同时，也要加强创业精神教育。当前体育产业的发展迫切需要一大批能将体育科技成果转化为现实生产力的创新企业家。因此，实施体育创新教育，不能缺少创业教育的内容，这也是适应知识经济时代的体育创新教育的一大特色。

（二）体育创新教育内容设计

体育创新教育活动体系能够有效运行的基本要素之一是体育创新教育的内容，它起着主客体连接桥梁的作用，因此体育创新教育内容是整个系统得以顺利运行的核心。综合来看，体育创新教育内容主要是指能够实现体育创新教育目标和主旨意图的所有知识体系、技能范畴、价值观念及主客体行为。体育创新教育内容不仅包括体育创新理论知识，而且包括容易被人忽略的潜在的体育技能创新意识、能力和价值观。所以，体育创新教育内容的构建思路应充分考虑当前社会发展的要求，力争实现学生个体想法、体育学科发展规律之间的有机衔接、吻合，应结合不同地域、不同教育层次、不同学校类型、不同年龄段的学生进行整体的设计安排。例如，基础教育阶段和中等教育阶段、高等体育专业教育阶段以及继续教育阶段的设计思路应有一定的差异性。

哪些具体内容是实施体育创新教育需要重新设计的，要做到心中有数。可以大力借鉴相关学科领域在创新教育内容上的设计策略。例如，各种创造学著作或类似教科书中常用的教育内容，常用的思维训练、发明创造教育、信息化素养训练、科学精神的培育、艺术设计教育等内容，都可以作为构建创新教育内容体系的参考。

按照这种设计思路，学校教育系统内体育创新教育内容可包括：创造性思维及方法培养、人文科学精神的塑造、体育科技创新方法和体育创新意识教育。

（三）体育创新教育教学设计

结合前人的研究，体育创新教育教学设计至少包括如下步骤。①体育创新教育教学预期目标的定位。首先，要规定好创新精神和创新能力的范畴；其次，要保证目标陈述的明确化、具体化，即尽可能地运用一些可量化的指标检测教学结果，如能够直观地观察和运用简单的工具测量学生的行为变化。这就要求教师事先深入调研，分析、总结出所教学生在体育学科领域中创新性行为、意识的特征、规律、形式等，为准确制定相关的衡量标准打好基础。②学生初始水平状态的确定。这主要是要对学生原有体育知识、运动技能和体育锻炼、学习、训练等方面的动机、状态和创造力水平进行全面掌握。③分析学生从起点状态发展到达到教学预期目标时，所应掌握的知识技能或形成的态度与行为习惯。④思考运用何种方式呈现体育创新教育教学内容并予以学习指导。

⑤考虑运用何种方法引起学生的关注并提供反馈，如课堂练习的设计、课后训练任务的安排、自学内容的安排等。⑥分析对教学结果如何进行科学测量和评价，尤其注意非智力因素中创新的态度、情感、意志等方面的综合测评效果。

针对以上 6 个方面综合进行体育创新教育教学设计，需要体育教师具备充分的自我知识积淀。一方面体育教师自身理论知识多元化，另一方面体育教师技能娴熟自动化。体育教师不仅要掌握体育学科领域范围之内的知识技能和简单的创造教育知识，而且应储备必要的心理学、教育心理学方面的知识。因为体育教师进行教学设计，离不开对一般学习心理学原理、体育学习心理学原理以及创造心理学原理等知识的理解和运用。

首先，体育教师必须能够有效地鉴别其自身所教知识类型所处的领域，能够明确面对不同阶段、不同层次的学生应该教哪些基础知识，哪些体育知识可以忽略，哪些体育创新知识必须加以强化引导。只有明确这些基本点，才能合理地制定出整个体育创新教育教学过程。

其次，现代信息技术的发展加快了教育技术的发展步伐，多媒体和高速智能化网络的综合应用将成为各个学科教学的发展方向。体育创新教育教学过程设计应综合考虑这些现代化教学工具，以先进教学理念作支撑。其中，研究性体育课程尤其值得关注。寻求多媒体教学技术支持将是未来的发展目标，以建构主义的认知工具理论为基础演变而来的研究性体育课程多媒体教学模式所具有的最大特点是，让学生承担一定的研究任务，让学生带着研究性的学习理念参与教学活动。和传统教学过程相比，学生从旁观者的角色转变为参与者。这种教学模式的主旨意图在于运用实践来论证一些观点和想法，教师和学生在此过程中都能提出自己的创新性观点和思路，并积极围绕该想法搜寻信息、理顺信息。这样，对信息的掌握情况是否具有针对性、一致性的深度认识，就反映了学生的创新素养水平和自我认知理解层次。

研究性体育课程多媒体教学模式注重科学地运用现代化多媒体技术手段。在引入和使用多媒体技术进行教学的时候，应避免打破学生连贯的研究活动。同时，多媒体技术只是一种现代化教学工具，只能推动体育科学探究、体育创新活动有力前进，而不能阻碍、干扰学生的思路，更不能导致学生创新意识的中断或偏向。应积极发挥其促使学生对所探究的体育科学领域热点问题的明晰化作用，带动学生自主探究性高级思维活动的不断产生。

从目前学者的分析和国内外教学实践活动的现状来看，并未形成一个相对定型化的运用多媒体技术的研究性体育课程多媒体教学模式。实施多媒体教学需要注意以下几点。第一，要明确界定恰当的研究主题。教师在筛选研究主题时，应充分考虑其是否具有一定的探究性价值、能否有效地融合运用各种既有的研究途径。同时研究主题还应吻合一定的条件。研究主题应能够带动学生创新意识的发展和自身探究兴趣的提高，即让学生感觉到有意义并积极参与其中；研究主题应有较广阔的范畴，便于学生个性化的选择以形成个人探究方向；研究主题应能够体现出一定的生活化、社会性、逻辑性，便于学生进行体验式学习。第二，整个过程应保证研究性教学的科学性。科学性至关重要，既反映在使用的研究方法上，也反映在学生对待体育探究性学习的态度上，更反映在探究性学习活动的结果——研究性报告中。所以教师在确定学生研究方向后，应把握好如何指导、引导学生有效地进行探究学习。尤其要注意避免干预学生自主探索研究进程现象的出现。教师应充分发挥导学作用，帮助学生逐步树立科学的、专业的研究方法意识，不过多地追求所谓"唯一正确"的结果，培养广大学生"求真"的科学探究精神。

第三节　高校体育教育课程的创新发展

一、创新教育导向课程开发

创新教育是 20 世纪末开始兴起的一种教育思潮。创新教育理念的提出，是人们对传统教育过度强调知识传授的反思和对初见端倪的知识经济的展望。创新教育一出现便引起了人们的广泛关注，几乎人人都知道创新教育的重要性，创新教育呼声很高，但创新教育实践的发展较为迟缓。这固然与传统教育观念、现实教育环境和教育资源制约等因素有关，但主要原因是学校没有将创新教育落实到课程上，创新教育导向课程的开发研究没有起步。

课程目标、课程内容、课程结构、课程评价是课程的 4 个基本要素。创新教育导向课程开发，就是要将学生的创新素质培养体现在课程的 4 个基本要素中，否则"创新教育导向"就会成为一句空话。

（一）课程目标的描述

在课程开发中，确定课程目标非常重要。课程目标是教材编写、教学、评估和考试命题的依据。创新教育导向课程目标应该是"知识与技能""过程与方法""情感态度与价值观"三维课程目标，要将对学生创新素质（创新意识、创新思维、创新人格、创新能力）的培养目标渗透到三维课程目标中，否则学生创新素质的培养就没有依据。但在制定课程标准时，描述好创新教育导向课程目标并不是一件容易的事。如果仅采用"增强学生的创新意识""训练学生的创新思维""完善学生的创新人格""提高学生的创新能力"来描述课程目标，则不够具体，容易使创新素质培养停留在"喊口号"阶段。因此，对创新教育导向课程目标的描述应尽量具体化。

1. 创新意识的课程目标描述

创新意识就是在一定价值观的指导下所表现出来的创新愿望、企图与动机，是人们进行创新活动的出发点和内在动力。没有创新意识，就不会有创新活动。创新意识是一种与时俱进、勇于探索、开拓进取的思想状态和精神风貌，创新意识包括创新动机、问题意识、创新兴趣和超越意识等。由于创新过程的本质是一个复杂的学习过程，所以学习与创新几乎是可等同的。课程目标可这样描述：通过学习，激发学生的学习动机或启迪学生的问题意识，使学生的学习兴趣更浓厚等。

2. 创新思维的课程目标描述

学生的创新思维培养主要是通过课程的课堂教学来实现的，教师要设计一些训练学生创新思维的问题。逆向思维、发散思维、收敛思维、横向思维、纵向思维、直觉思维等，都是创新思维的表现形式。当然，一门课程不可能培养所有思维，教师应根据各课程特点，有针对性地、重点地培养，如重点培养学生的发散思维、直觉思维等。课程目标确定以后，就要将课程目标落实到课程的教学内容、教学方法及课程考核中。

3. 创新人格的课程目标描述

具有创新人格的人，已将创新作为自身的一种特质，必然视创新为人生的第一快乐，创新将成为其积极的自觉行动。具有创新人格的人，通常具有远大的理想、坚定的信念、高尚的道德、坚强的意志、顽强的毅力、丰富的情感、稳定的情绪、献身的精神等。但学生创新人格的完善是一个渐进的累积过程，通过一门课程的学习一蹴而就地形成学生的创新人格是不现实的。理想、信念、道德、意志、情感、情绪教育应该渗透到每一门课程中去，在课程目标描述中应有所体现。思政类课程可着重于理想、信念、责任感、使命感、事业心教育，人文类课程可着重于道德、情感、情绪培养，理工类课程可着重于意志、毅力和探索精神培养。

4. 创新能力的课程目标描述

创新能力是一种综合能力，创新的过程就是学习的过程，所以学习能力是最主要的创新能力。通过一门课程的学习，若学生的自主学习、合作学习、探究学习能力提高了，学生的创新能力也就间接提高了。观察力、注意力、想象力、创造力都是创新能力的表现形式，教师应根据各课程特点，有选择地培养，如重点培养学生观察力等。对于高等教育，课程目标还应该描述在专业技术应用方面学生应达到的创新能力，可采用"设计""改造""改进""移植""提高"等创新性动词进行描述。

通过一门课程的学习，不可能使学生的创新素质全面提高，只要使学生的创新素质在某一方面有一个微小的提高即可，因为各门课程累积起来就会使学生的创新素质有一个大提高。所以，创新教育导向课程目标的描述不可能面面俱到，在创新意识、创新思维、创新人格、创新能力四维素质中突出重点即可，能描述多维素质更佳。关键是在课程实施中将学生的创新素质培养落实到位。

（二）课程内容

课程内容一般指特定形态课程中学生需要学习的事实、概念、原理、技能、策略、方法、态度及价值观念等。学科中的课程内容往往以课程标准的形式规定下来，具有法定的地位，因而是相对稳定、不能轻易改变的。创新教育导向的课程内容应该是开放性内容，通常具有下列特征：理论与实践结合、简单与复杂结合、本学科与跨学科结合、历史与现代结合、经典与探索结合、科学与哲学结合、自然与人文结合。

1. 理论与实践结合

国外做过这样一个实验：给学生一篇教材，学生仅经过阅读，能记住所学知识的 10％；由教师认真讲解，学生能记住所学知识的 20％；让学生再看一遍教材后口述内容，学生能记住所学知识的 30％；如果让学生边看边讲解原理，学生能记住所学知识的 50％；若教师能组织学生讨论教材内容并由学生将心得向大家展示，学生能记住所学知识的 70％；若由学生看过教材，再动手操作，最后将劳动成果向大家展示，则学生能记住所学知识的 90％。此实验说明理论与实践紧密结合的重要性。

2. 简单与复杂结合

简单和复杂是对立统一的矛盾体。两者相辅相成，缺一不可。简单是复杂的基础，复杂是简单的发展。作为一名教师，既要"复杂问题简单化"，又要"简单问题复杂化"，这是一个需要智慧的思考过程。前者是善于总结、归纳和分类，将深奥、抽象、难懂的理论简单化，将一团乱麻的知识梳理清晰；后者是善于发散思考、深入思考。

3. 本学科与跨学科结合

跨学科研究是近年来科学方法讨论的热点之一，近年来一大批使用跨学科方法或从事跨学科研究与合作的科学家获得诺贝尔奖，科学在 20 世纪以来的重要发展趋势是与技术的融合以及科学、技术与社会的相互渗透，这使科学更加变成了一项社会综合事业和工程。甚至可以说，不通过跨学科研究的方式，就不会有真正的科学突破。

4. 历史与现代结合

人类的智慧从哪来？从历史中来。人类之所以区别于其他的动物，在于人类知道自己的历史，善于在历史中学习知识，善于归纳历史的规律，善于在历史中积淀。2008 年北京奥运会的开幕式表演，就是历史与现代结合的典范，给人的印象非常深刻、鲜明。

5. 经典与探索结合

经典知识是指具有典范性、权威性、经久不衰的已知知识。某大学一位老师用两节课详细地讲述一个很重要的概念章节。也可以用 20 分钟讲述内容，多留时间给学生，让学生进行思考。将经典知识与探索联系起来，就是要构建"知识空缺"，保持"问题"状态，让学生带着问题走进课堂，带着更多问题走出课堂。

6. 科学与哲学结合

将科学知识与哲学思辨联系起来，有助于培养学生敏锐的观察力和深刻的理解力，有助于培养学生的抽象思维、创新思维。纵观人类文明史，哲学与科学有着特殊密切的关系，科学产生知识，哲学产生思想。爱因斯坦说过："哲学可以被认为是全部科学研究之母。"

7. 自然与人文结合

现代社会发展所提出的课题都是综合性的，要求把自然科学技术、社会人文当成一个完整系统加以研究，以解决人口、能源、环境、经济等庞大复杂的问题。社会科学"自然化"、自然科学"社会化"正以不同的速度发展着，自然与人文迈开了联合的步伐，出现了相互渗透的一体化趋势。

(三) 课程结构

创新教育导向课程结构，应该是便于学生自主学习、合作学习及探索性学习。为了便于学生自主学习，教师要给学生布置学习任务（项目），课程结构应该由若干个学习任务（项目）组成。为了便于学生合作学习，课程内容必须是综合性、开放性的学习任务（项目），学生必须通过小组合作学习才能完成。为了便于学生探索性学习，既有单一、简单、传统、经典、本学科的课程内容，也有综合、复杂、现代、前沿、跨学科、需要学生探究的课程内容。

综上所述，创新教育导向课程由若干个教学任务（项目）组成，每个教学任务（项目）都为理论与实践的有机结合，各个教学任务（项目）的难度逐渐增加，即由单一到综合、由简单到复杂、由传统到现代、由经典到前沿、由本学科到跨学科进行设计。

项目课程由若干个学习项目组成，有单项项目和综合项目、封闭性项目和开放性项目、模拟项目和真实项目等。项目课程适合于学生自主学习、合作学习及探索性学习。在项目课程教学中，从完成项目工作的实战出发，教师既是项目经理又是客户。说教师是项目经理，是因为教师扮演项目监管角色，学生扮演员工角色，学生在教师的引导下完成工作项目，从而将被动学习变为主动学习；说教师是客户，是因为在商界客户就是上帝，学生对于教师（客户）给定的项目及提出来的要求，必须无条件接受，并努力去完成。项目课程已获得教育行政部门与许多职业院校、本科院校的认可，具有学生主体性、探索性、开放性、民主性、实践性等创新教育导向课程特征。

（四）课程评价

创新教育导向课程评价应注重以下两点。

第一，传统的"以学评教"课堂教学质量评价主要是评价教师的"教"，即教师教学基本功好不好？教师讲课条理是否清楚，重点是否突出，难点是否分解？没有对学生学习效果进行评价。创新教育导向课程的课堂教学要真正体现以学生为主体，以学生发展为本，就必须改变传统的课堂教学质量评价，重视包括知识在内的综合素质的发展，尤其是创新、探究、合作与实践等能力的发展，以适应人才发展多样化的需求。

第二，创新教育导向课程虽然起源于职业教育，却早已不是职业教育的专利。其已成为一种有着深厚理论基础的课程模式，并被广泛地应用到各种类型的教育中，如职业教育、幼儿教育、高等教育等。

二、体育创新教育课程体系

（一）体育创新教育课程体系的特征

体育创新教育课程体系的设计，应使体育课程体系具有整合化的特征，也就是具有一定的指向性、综合性和多样性。体育课程先天的活动性特征，这里不再强调。

1. 指向性特征

指向性是指课程设计要针对体育创新教育的培养目标，使体育创新教育在规定的时间内达到预期结果。为此，课程设计要以总目标为信息基点，逐层分解为单元目标和课时目标，从而保证总体目标在教育教学微观领域和微观过程中得到贯彻，并通过整合使体育课程的实施过程成为指向明确、功能突出、连续不断的完整时间序列。也就是说，体育创新教育课程的指向性充分表现在课程目标、课程内容和课程方式的协调一致上。

2. 综合性、多样性特征

体育创新教育课程的综合性、多样性特征必然要求其组织方式具有多样性。它可以是专题讲座、报告式的微型课程，也可以是专门性的创新原理、创新技法的训练课程等。体育创新教育课程的活动安排，可以采用与传统的活动方式有机结合的多种活动方式，也可以与其他类型的活动进行一体化设计。例如，在集体性的体育活动中结合创新意识的教育，在体育竞赛活动中结合创新个性品质养成的教育，结合学校的发明、创造活动设立体育创新奖，组织科技体育节，参观职业球队的管理、训练和保障等。

体育创新教育课程体系的设计，实际上是从课程目标出发，将课程方式与课程内容有机整合并优化。例如，在高等体育中专业教育阶段，为了加入创新精神和创新能力的培养，在各科目教学渗透的基础上，也可以尝试专设创新教育类课程，这类课程是与传统学科平行或并列的课程。如目前一些学校开设的"学创造""创造性思维训练"等课程，一些高校开设的"创造学基础""创造工程学"等课程。这种专设创新类课程也应该系统设计，以便全面、完整地体现课程目标。尤其是在广泛开设选修课的高等体育院校，创新教育应该有自己的课程体系，以突出创新人才培养的重要地位。尽管有人呼吁在高等体育专业开设"创造原理"课程，以有利于创新人才的培养，但目前高等体育专业课程设置还鲜有实践。

（二）体育创新教育课程方案设计

体育创新教育课程改革既要适应社会发展需求，也要适应个体充分发展自身的内在需求。体育创新教育课程的重要作用是赋予学生发掘潜力、发挥才能、把握机遇所需要的身体、心理和适应社会能力，培养学生的创新精神和创新能力。

体育创新教育课程改革与发展必须是可持续的。体育创新教育课程和教学不仅要使学生增进知识、掌握技能，更要通过学校的体育创新教育课程教学过程提高学生的体育学习能力，为学生的终身体育奠定基础。学生学习能力提高也就是学会学习，但是学会学习不等于学会创造，学会学习是在强调基础知识和基本技能基础上的方法论的延伸。

体育创新教育课程改革必然涉及对体育知识价值的认识。体育知识可以广泛定义为在体育领域解决问题和创造的能力。体育创新教育教学的使命是使每个学生发展自己的体育才能和创新潜能，所以体育创新教育课程设计的重点是发展基础知识、综合运用知识解决问题及创新发展的精神与能力。体育创新教育课程设计的原理是：以学生发展为本，在提高体育学习能力的基础上，以创新精神与创新能力的培养为核心。

马克思关于人类全面发展学说和教育科学的最新成果以及人本主义教育的思想认为：①具有正常智力的学生都有创新潜能，但是只有通过教育培养才能得以现实开发；②体育学科为学生提供了独有的、开阔的学习和活动环境，以及充分的观察、思考、操作、实践的表现机会，对于促进学生创新精神的培养和实践能力的开发提高，具有其他学科无法比拟的优势；③体育课程和教学过程具有开发学生创新能力的功能，前提是有意识地、自觉地培养学生的创新精神和创新能力；④在体育课程教学中加强学生的创新精神和创新能力培养，不会影响教学质量的提高和教学任务的完成，相反，会推动体育教育教学进步，有助于提高体育教育教学质量。

在上述认识指导下，依据整体、系统、综合的设计原则，可从3个方面设计体育创新教育课程方案。

第一，课程目标的设计。在以培养学生的身心健康为基本指导思想的前提下，将学生的体育创新知识（这里知识的定义是广泛的，包括运动技能、运动参与、身体健康、心理健康、社会适应等）体系的建立、创新能力的增强（体育学科）和创新人格的建立作为基本的课程目标。通过体育课程的学习，学生能获得一定的体育知识和技能，提高全面发展、社会适应能力，具有良好的创新意识、创新思维水平、创新能力，进而促进创新人格的建立。课程基本目标确立之后是具体的目标体系设计，可把具体的目标体系分为4个类别：核心课程与外围课程目标体系，活动课程与隐性课程目标体系，面向全部学生的与个别化的课程目标体系，选修课程与必修课程目标体系。

第二，课程内容的设计。依据全面发展学生个性和综合能力的原则确定内容框架：①体育历史和体育文化；②体育保健理论与技能；③各种体育项目的知识与技能；④体育创新的理论与技能；⑤体育思维、意识、意志和精神。设计重点是处理好活动课程设置与体育创新之间的关系，在深入研究各种体育项目培养创新精神和创新能力的作用和特点的基础上，根据具体的课程目标、课程内容和现实教学实践中能利用的资源来确定教学目标、设计教学过程，以及运用合理的教学方法。难点和重点是体育创新实践活动的教学设计。教学设计要尊重学生个性，适应学生的不同认知方式和个性特征。在实践中不断地根据反馈进行调整，抽象出体育创新教学的基本模式、目标模式和过程模式，指导未来的创新性教学规划和设计。

第三，评估方案的设计。课程和教学方案设计的反馈和改进离不开评估方案的设计。关于创新精神和创新能力的评价尚存在很多争论，一般采取终结性评价、过程性评价与行为评价相结合的策略，遵循定性评价与定量评价相结合的原则设计综合评价方案体系，把学生的态度、行为表现和体能、技能的进步幅度纳入评价范围，并让学生参与评价过程。它包括创新性成果、创新个性发展、知识技能提高程度以及体育课程教学参与程度4个核心内容。评价具有动态性特征，在不同层面有系统循环的基本机制和不断改进课程的可能。与评估方案设计相配套，将全面质量管理引入体育课堂教学活动，培育一种新型的师生关系，确立以学生或学习为教学中心的观念，从而有利于"以学生发展为本"目标的实现和学生创新精神、创新能力的培养。

（三）体育创新教育课程实施策略

体育创新教育课程设计最终要落实到具体的实施过程中。要在实践中实现设计意图，要采取以下策略。

第一，更新教育理念。即学生的发展不再是发展的手段或作为生产性的行动，而是发展的基本目标和基本内容。学生是体育课程教学的主人，应把课程教学看作是一种与学生个性不断成熟的发展阶段相适应的内在历程。同时包括教育体制、教育决策部门的管理者观念的更新。其中，最主要的是教师观念的更新。这就要求建设创新型体育教师队伍，充分利用目前的教师培养体系的资源和优势，科学、系统地规划教师的继续教育。

第二，积极开发家庭、社会、学校3个媒介资源，提高资源综合利用水平。未来的学校是开放性的，未来的教育也是开放性的。未来的体育教育具有独特的开放性特征，所以其正在走向社区化、网络化的发展道路。理解体育创新教育多媒介的特征，最有效地利用多媒介的各种资源就显得很有必要。

第三，注重体育创新教育课程发展的环境建设。体育创新教育课程创新离不开宏观环境和微观环境的建设。体育课程改革本身应形成一种不断创新的联络和非线性的发展过程，要求在科学研究、开发实验、实践推广之间反馈，更强调不同角色（如学术机构、研究实验机构、学校和教师、学生）之间的交流。因此，要为体育课程改革提供一种宽松、具有刺激因素、能够最有效运作的环境。只有抓好环境的建设，才能保证体育创新教育课程发展的自我环境的优化，促使内外环境的信息、资源合理流动，使整个体育创新教育课程开发系统良性发展。

第四，加强校本课程研究与开发。体育创新教育课程是与具体体育教学密切相关的活动，是学校教育各要素的重新组合，并通过具体教学实现。学校是体育创新教育课程活动和收益的主体，体育教育课程内容的地域性特征比其他学科更加突出。所以要加强研究与开发。这就要求体育创新教育课程要与学校管理改革相结合。学校管理改革趋向人文精神与科学精神的统一，体育创新教育实施要与学校内动力、机制的发展和完善相互支持、相互促进。

第五，体育课程与教学协同创新。应保证体育课程表现形式的灵活与运行机制的灵活相统一，保证体育课程的创新应该是多向动态的。其发展的焦点不仅是从以教师和学科为中心走向以学生为中心，还强调以课程为中介的教与学互动为原则，实施体育创新教育课程教学。通过教师的积极引导与支持，使体育创新教育课程教学成为一个知识生成的过程和师生共同探索的过程。同时，教师自身的教育观念和素养得到提高。

牢固树立"健康第一"的指导思想，面向全体学生，全面发展学生体育素质，培养学生健康的体魄、创新精神和实践能力。这种新的基本价值取向和重要目标追求是面向 21 世纪体育课程教学改革和发展的正确抉择。

三、体育创新教育课程内容的创新

（一）课程内容具有新颖性、时代性特征

要在体育课程中培养学生的创新能力，需要让学生掌握最新的知识内容、了解体育最新的发展动态，使学生的体育知识层次、结构与世界发展先进水平趋于同步，促使学生在现有水平基础上有所突破和创新。现代体育科学技术的发展和现代体育生活中的诸多现象与事实，导致体育教育教材内容呈现陈旧和滞后性，严重阻碍了学生在新领域的开拓意识和能力的发挥。因此，体育创新教育课程应该在内容上与时代同步，具有新颖性和时代性，要把最新的科学研究成果和科学概念及时地编入教材、引进课堂，帮助学生建立一个发展的而不是孤立静止的客观物质概念，引导学生去探索新的知识，培养学生的创新精神。当然，把所有的体育科学技术和社会中的体育文化现象编入教材并介绍给学生，是不可能实现的。这也是其他学科课程无法避免的矛盾。我们虽然可以借鉴其他学科课程的经验，但是更需要自身主动地去开辟新的渠道。

（二）增加体育创新能力发展的专门知识

通过在教育内容中增加一些有关"体育创新能力"培养的专门内容，使学生能够了解体育创新能力的形成特点，从而有意识地加强这方面的训练，这就是体育创新教育的有效途径。

我们需要合理地定位基础教育阶段学生一般体育创新能力的培养，不能过分拔高它的作用，尽量保证以学生切身的体育实践活动为载体。而高等体育专业领域则可以通过适当的形式向学生传授有关创新能力的专门知识，如"创造学""创造心理学"等，还可以开设创新发明讲座、自我设计课程及创新思维训练课程等，为学生创新能力培养提供条件和指导。

（三）设计专门的体育创新实践活动

体育创新教育课程引进体育创新实践活动是其最突出的特征。实践是创新的基础和源泉，学生在自主性的体育活动实践中，往往产生探求事物规律的兴趣，产生具体的创新动机，并以实践为中介，使创新思维结果以物质的形式表现出来。同时，通过参与创新实践活动，体验创新的乐趣，进一步激发学生探索的激情。体育创新实践活动是体育课程系统新的构成因子，它的引进势必引起整个体育课程系统的结构和功能的变化。因此，体育创新教育课程中的体育创新实践活动需要进行优化设计。

四、体育创新实践活动课程设计

体育创新实践活动课程一般可以按下面两种类型进行设计。

(一)情景型体育创新实践

这类体育创新实践活动与活动课程中的专题活动类似,但创新教育的要求与内容要比专题活动更多、更复杂。这里所说的情景,是指蕴含创新观念、创新过程和创新成果的环境及相应的教育氛围。在这种体育创新实践活动中,着重让学生亲眼感触到体育创新的实际过程,了解体育创新活动对人才素质的基本要求,引导学生想象自己处在这种环境下怎样去革新现实中的问题。这种具有意向引导与虚拟身份特点的创新实践,与模拟实践和社会实践一样具有强化体育创新意识与培养体育创新技能的功能。开设此类情景型体育实践活动课,要有开发相对稳定和配合良好的社会教育资源。

(二)模拟型体育创新实践

通过模拟生产经营或管理活动进行体育创新教育,有利于学生对体育创新活动的体验与认识,可加速对学生体育创新能力与技巧的培养。这类实践可分为单项模拟与综合模拟两种。单项模拟有生产操作活动的模拟、设计创新的模拟、经营管理的模拟和社会交往活动的模拟。相对而言,单项模拟的内容比较单纯,活动空间主要在校内和家庭,教师可直接或间接地进行指导,一般采取班集体、小组的群体活动方式。综合模拟的特点是将生产操作、设计开发、经营管理、社会交往等实践环节结合在一起,让学生较全面地模拟和体验体育创新过程。全部让学生参与的实践就是一种综合模拟新产品开发的社会创新实践活动。另外,国外还有通过体育管理经营类的游戏对学生进行培养的探索,如"世界足球经理"等模拟经营类的游戏。有条件的学校可以考虑创办学生主持体育服务中心或体育产业创建中心,让学生接受良好的体育创新实践教育。

五、体育创新教育课程发展的重点

体育创新教育课程发展的总体趋势应该是两个字——"整合"。整合就是实现综合化发展,汲取目前诸多课程形态的精华,扬长避短,在引进外部新生变量的同时革新内部结构,实现系统优化功能。如研究性课程、综合课程、活动课程、校本课程、潜在课程等各种课程研究领域的先进思想观念、操作策略和实践经验,厘清体育课程与它们之间的关系,探寻可能的结合发展空间,实现互补性的沟通。

（一）体育课程与综合实践活动的整合

综合实践活动课程是一种与各学科课程有着本质区别的新型课程，是我国基础教育课程体系的结构性突破。综合实践活动在小学至高中的课程设置中作为必修课程存在，其内容主要包括信息技术教育、研究性学习、社区服务与社会实践，以及劳动与技术教育。综合实践活动主题的选择范围包括学生本人、社会生活和自然世界。综合实践活动对任何主题的探究都必须体现个人、社会、自然、科学、艺术、道德的内在整合，立足于人个性的整体性，立足于每一名学生的全面健康发展。体育学科的综合特征决定了体育课程中有很多探究性的主题符合上述要求。

在新的基础教育课程体系中，综合实践活动应该与各学科领域形成一个有机整体。综合课程更多地体现为思想和观念的综合，其实质就是整合。因此，要实现综合，就不能靠形式上的、拼盘式的组合，而应打破学科界限，实现与各学科领域的有机整合。在探讨体育学科领域与综合实践活动课程的合作空间和策略时，要认清它们既有相对独立性，又存在紧密联系。具体而言，体育课程与综合实践活动课程的整合可以采取以下策略：第一，体育学科的知识可以在综合实践活动中延伸、综合、重组与提升；第二，综合实践活动中所发现的问题、所获得的知识技能可以在体育学科领域的教学中拓展和加深；第三，在一些情况下，综合实践活动课程完全可以与体育课程共同进行。

（二）体育研究性学习方式的倡导

引进研究性学习作为体育课程与综合实践活动整合的突破点，构建研究性体育课程，实现课程的校本开发。

关于研究性学习的含义，有广义和狭义两种理解。从广义理解，它泛指学生探究问题的学习，并贯穿在各个学科各类学习活动中。从狭义理解，它是指学生在教师指导下，从自然现象、社会现象和自我生活中选择和确定研究专题，并在研究过程中主动地获取知识、应用知识、解决问题的学习活动。研究性学习的重要目标是在综合运用中提高各科知识的价值，同时渗透于所有学科、所有活动之中。

体育课程引进研究性学习对于学生而言，有以下几个方面的价值定位：第一，保持学生独立的、与生俱来的探究兴趣，使其不会因后天枯燥的学习而丧失；第二，丰富学生的学习体育的体验；第三，养成合作与共享的个性品质；第四，提升独立思考的能力；第五，建立开放的体育知识结构；第六，养成尊重事实的科学态度。

体育课程引进研究性学习是可能的，也是必要的。体育学科的突出特点是与学生自身生活贴近程度较高，尤其是幼儿、小学阶段的学生很早就对一些富有价值的东西产生问题和思考。学生能够在体育活动中获得深刻的体验，感悟很多的道理。同时，体育学科的综合性特点使学生在探究过程中很容易对其他领域产生兴趣，产生新的问题和新的价值观。另外，在体育学科领域强调研究性学习，并不是否定接受性学习。因为现在的体育课程过多地倚重了接受性学习，把接受性学习置于中心，所以想要找回研究性学习在体育课程中应有的位置。

体育课程引入研究性学习，关键是如何科学规划和系统设计。其实，体育课即使完全上成理论课，也未必能够实现传承与创新体育文化，同时使学生的创造性得到发展的目标。实际上，体育课程中的研究性学习的重点是培养学生对体育文化的兴趣，使学生不仅要参与体育运动，还要能够主动地去体验体育文化的魅力，在体育活动的参与、探究的过程中加深对体育的认识。在整个学习过程中，培养和发展学生的创新精神和创新能力。

如上所述，体育课程关注研究性学习主要是从学生学习方式的转变出发的，它是借鉴研究性学习课程中的价值观与经验来逐步改变学生的体育学习方式。因此可以认为，使学生通过研究性学习逐步形成具有个体价值的创新性体育学习方式将成为体育创新教育课程发展需要重点关注的问题。这种创新性的体育学习方式以研究性学习为主要特征，为学生构建一种开放的学习环境，提供一个多渠道获取体育知识、将学到的知识加以综合和应用于实践的机会。这种创新性的教学活动将充分地调动学生的积极性、主动性，培养学生的创新精神和创新能力，充分开发学生的潜力。

从目前情况来看，在体育课程中普遍实施研究性学习还有一定困难。一方面，许多体育教师的传统教学观念与教学习惯已经形成定势，在课程内容和教学条件尤其是课程教学评价体系变化不大的情况下，要实现教学行为的重大转变从而指导学生改变学习方式，需要有一个较长的过程。另一方面，对于大多数体育教师来说，在体育课程中培养学生的探究能力和创新精神还较为陌生。关于如何处理好基础知识、基本技能教学与创造力培养的关系，大家尚处于漫无头绪的阶段。因此，需要积极开展体育创新教育课程引入研究性学习方式的理论研究和实践探索，使之有明确目标、实施要求、实施渠道和评价标准，逐步改变教师的观念和教学方式，进而促进学生学习方式的转变。

从国外的课程实践看，多媒体教学已经成为现代化信息技术背景下研究性课程与教学发展的一种新趋势。我国体育教育领域关于研究性体育课程的探索刚刚起步，结合多媒体教学的理论和实践是一个很广阔的研究领域。

第四章 CHAPTER FOUR

体教融合视域下高校体育教育教学方法的创新与发展

教学方法论由教学方法指导思想、基本方法、具体方法、教学方式4个层面组成。教学方法包括教师教的方法（教授法）和学生学的方法（学习法）两大方面，是教授方法与学习方法的统一。教授法必须依据学习法，否则便会因缺乏针对性和可行性而不能有效地达到预期目的。由于教师在教学过程中处于主导地位，所以在教授法与学习法中，教授法处于主导地位。

第一节 高校体育创新教育教学方法的理论基础

一、创新教育理念下的体育教学方法理论

（一）创新教育理念的内涵及核心构成

1. 创新教育理念的内涵

创新教育，特别是面向基础教育的创新教育，是以培养学生的创新精神和创新能力为基本的价值取向，以发掘学生的创新潜能、弘扬学生的主体精神、促进学生的个性和谐全面发展为宗旨的教育。创新教育是素质教育的一个重要组成部分。

创新教育理念强调教育理念的创新性，是从提高创新素质、塑造创新人格、培养创新人才出发对教育本质特性和根本规律的理性认识和判断，是对教育理念的突破和创造，显现出根本性、简洁性、指导性、时代性以及系统性的鲜明特征。

创新教育不仅涉及教育的目标、方法的改革和内容的调整，而且涉及要系统地对教育进行改革，即进行教育创新以实现创新教育培养学生创新素质的目的。创新教育与传统教育有着本质的区别（表4-1）。

表 4 - 1　创新教育与传统教育的对比

项目	传统教育	创新教育
①培养目标	培养解决精确领域问题的人才，即"知识生产者"	培养解决模糊领域问题的人才，即"生产知识者"
②强调重点	模仿和继承，对当今社会的适应力	变动和发展，注重对未来社会的应变力
③教学要求	低标准的全面平推	高标准的单项突破
④获取知识	着重储存、积累信息的能力	着重提取、加工信息的能力
⑤学习态度	被动接受的态度	积极主动的态度
⑥学习思维	集中思维	扩散思维
⑦教学形式	提供结论性的东西，是结论性教学给学生现成的、唯一的标准答案	学习的思维过程，是过程性教学提倡探索的设想方案并进行选择和决策

大多数一线体育教师虽然对创新教育理念是什么理解得不是很透彻，但倾向于把理念渗透到具体的体育课中去实施。从调查研究中发现，创新教育理念倡导的内容由低到高依次为：加强教学研究，对自身教学、科研不断反思，提供开放、优选、新的体育教学方法，不断适应先进的教育、教学理念，为学生提供平等的教学环境，把创新教育理念融入体育课中等。从培养学生的角度出发，体育教师认为创新教育理念应体现的方面由低到高依次为："让学生在玩中学""调动学生学习积极性""尊重学生的人格""锻炼学生的动手能力""培养学生的创新意识、创新思维""培养学生的合作精神"等。

2. 创新教育理念的核心构成

创新教育理念的实质在于培养人的创新素质，包含创新意识与创新精神、创新思维与创新人格、创新能力与实践能力等维度。创新教育的核心是培养创新意识和锻炼创新能力，培养创新意识是基础，锻炼创新能力是提高。

创新意识是创新活动的内部心理倾向，表现为好奇心、求知欲、怀疑感、创新需求、思维的独立性等方面，是创新心理素质形成的前提。它包含创新思维、创新个性、批判思维、求异思维、好奇和兴趣、独立与独创、自觉与果断、自制与毅力、自信与自尊、怀疑与求真等。

创新能力是创新活动中所达到的能力水平，表现为创造性的观察能力、思维能力和实践能力。它包含：知识储备量、知识结构，悟性思维、逻辑思维，好奇心、求知欲、动机、意识、意志，注意力、观察力、分析力等。

创新意识是形成创新能力的前提，可支配和强化创新能力，创新能力反过来又能增强创新意识。

　　总之，培养学生创新意识、锻炼学生创新能力仅停留在这些教学活动中是不够的。创新教育是一个没有终点的课题，是一个长期复杂的系统工程。只有与时俱进，时刻留意，从每节课做起，师生共同参与、共同探究，才能"开创新花，结创新果，繁殖创造之森林"。

（二）创新教育理念对体育教学的要求

1. 对体育教师及教学方法的要求

　　（1）坚信创新的教育理念。第一，坚信每个学生都有创新的潜能。通过恰当的教育，每个学生都能被培养成某方面的创造性人才，教师需要注重的是如何培养、挖掘的问题。第二，坚信学生的创新素质有层次和类型的差别。教师不能用同一个模式对待所有的学生，应针对不同情况，因材施教，给予学生个体弹性要求；应尊重学生的兴趣和不同态度，引导学生发散思维，鼓励"稀奇古怪"的想法和"随心所欲"的动作创造；应鼓励学生进行自主学习、对教师的教学方法进行质疑。第三，坚信教育对学生的创新素质培养起决定作用。这是多年来相关研究成果的证明，毋庸置疑。第四，坚信学生是创新教育的主体。教师应多鼓励学生进行自主学习、主动学习，充分发挥学生的潜力和能动性；应采用启发式教学方法，引导、诱导学生积极思考，促使学生不断去发现问题和解决问题，使学生学会大胆质疑，并积极反思。

　　（2）实施创新的教学方法。创新的教学方法与一般的教学方法既有一致性，又有特殊性。体育教师要坚持系统的观点，根据时代发展的需要，以教育创新为理论基础，发展旨在培养学生创新素质的创新教育。

　　发现教学法：教师在指导学生学习时，仅给他们一些事实和思路，启发他们积极思考、独立探索，鼓励他们自己去发现并掌握原理和规律。教师设计好教学方法，提供有效的资料和条件，在提问、指导后耐心等待，激发学生的学习动机和想象力，从本能上刺激学生自己积极主动地想学、想练并自己探索学、练方法和技巧的热情。

　　问题教学法：教师针对学生在实践、学习中遇到的困难或提出的问题，帮助他们分析，探寻解决的办法，并进行实验，寻求解决问题的方式。学生创造性地解决问题的过程就是创新思维提高的过程。

　　开放式教学法：强调不拘泥于死记硬背，而是着眼于不同结论的选择判断，注重现有知识的动态性，注重能力结构的稳定性。发散思维要求个体对规定的刺激产生独特的、变化的反应，如在规定时间内做出 3 种以上的传接球动作等。

　　讨论教学法：在体育教学中，把学生分成小组，通过讨论等多种形式进行相互交流，以达到教学目的的过程。实施时，先进行分组，可以自愿结合，也可根据内容安排分组，最好6～8人一组，教师充当主持人、关键时候的引导人，每人都有发言机会，也可以提出对他人不同意见的看法。讨论教学法最独特的是组内成员相互启发，学习过程受每个学生行为的影响。讨论教学法适用于一些较大的教学目标（如态度转变、战术制定、赛前安排等）。

2. 对学生及学习方式的要求

（1）树立正确的创新价值观。第一，消除创新的神秘感。要对创新有一个务实的价值观，不要一提创新就想到牛顿、爱因斯坦，其实新技术动作的练习方式、新的解决问题的方法都是创新。第二，消除创新的自卑感，不要认为创新都是科学家做的事，人人都可以创新。第三，抓住自己的一点点新想法、新做法或新设计，进行简短的反馈评价，促使对自己的创新行为进一步反思和探讨，明确自己的创新行为及其价值。第四，抓住身边创新的典型事例，激励自己的创新意识。学会分析具有创新能力的学生的思维和行动，善于模仿并转化。

（2）掌握学习方法，改变学习方式。学会学习、掌握学习方法将成为未来学生学习的重点。教师不再是一个"传授者"，而是"引导者""启发者"；学生也不再是一个"接受者"，而是"辨别者""筛选者""思考者"。学生能把精力集中在掌握学习方法、学习方式上，学会质疑教师的传授内容和教学方法，学会总结自己的不足并不断改进。学生能真正发挥自己的能动性，积极思考和探究，而非等待教师给予答案。学生能主动与教师交流，与同伴交流，并分享自己的"新想法""新发明"。学生能不断强化自己的新型学习方式，遇事多问几个"为什么""必须这样吗""我有没有不同的看法"等，开启智慧的大门，实施积极的思考和行动，并允许自己"犯错误"或"走弯路"，培养发散思维、求异思维，做一个提高学习能力、掌握学习方法、具有创造意识的创新型学生。

3. 体育教学方法演变及启示

体育是舶来品。体育教学是伴随着体育在学校教育中的开展而得以开展的。体育教学方法一方面随着教学方法的发展而发展，另一方面随着体育教学的实践而实践。

（1）清末新式学校的教学方法（1840—1911年）。从传教士1850年创办的第一所教会学校"上海徐汇公学"到张焕纶1878年创办的第一所新式学校"上海正蒙书院"，再到19世纪末创设的"湖南时务学堂"等，这些新式学校的教学内容、方法逐渐打破了私塾个别教学制度，代以团体讲授。"在教学模式上糅合中西，兼采中国的分斋教学法和西方的班级教学法。"新式学校设置的课程科目很少，致使教学方法也未定型。但当时学习西方的办学，加上中国的传统，形成了中西杂糅。

清政府 1902 年颁布《钦定学堂章程》、1903 年颁布《奏定学堂章程》、1905 年 9 月诏停科举、1905 年 12 月设立学部和奖励游学等一系列政策和措施，给学校体育的发展提供了空间和必要条件。它规定各学校用统一的教科书，班级制的教学方法是讲演式，注重整齐划一的教学方法。

（2）"中华民国"时期的教学方法（1912—1949 年）。"中华民国"早期，教育部于 1912 年颁布《壬子学制》、1922 年颁布《壬戌学制》，给各地中小学的兴起提供了政策支持。"基础教育机构基本建立起完备的系统，课堂教学趋向于采用西方的教学方法，以模仿和改造为特征，其中以班级教学法、设计教学法和道尔顿制教学实验的影响最大，分别集中在小学和中学。"

西方教学方法的系统引进是"五四运动"之后，如引进的"启发式教学法""设计教学法"等。本土也出现了一些教学方法，如李廉方提出的"廉方教学法"有两种形式：一种是授业式，即传统的、以教师为中心的延续，如示范、说明等方式；另一种是集会式，将例会活动作为正式作业，各种集会都是教学的方式。陶行知提出的"教学做合一"教学法，是指教学方法根据学的方法，学的方法根据做的方法，怎样做便怎样学，怎样学便怎样教，教与学都以做为中心。

新文化运动的兴起，推动了教育制度的改革；欧美教育家的纷至沓来，带来了各种新异教学方法；国内教育团体的倡导鼓励，则将教学方法付诸实施。

（3）新中国成立后的教学方法（1949—1978 年）。这一时期的教学方法大致分为两个阶段。

一是新中国刚成立时，中国大量学习苏联的教学理论，重视系统知识的学习，强调教师的主导权威地位。1952 年颁布《小学暂行规程（草案）》，规定"以上课为基本的教学形式"，课程教学以班级为单位。

二是二十世纪六七十年代，教学趋向与生产劳动相结合，大大增加了现场教学比重，大搞开门办学，以干代学。此时虽然纠正了一种偏向（死板、脱离实际），但又偏向另一个极端（以劳动代替学习，把理论与实际对立）。此时的教学方法带有政治意图，以教育培养劳动者，谨防培养"四体不勤、五谷不分"的"贵族子弟"。

（4）改革开放后的教学方法（1978 年至今）。随着改革开放，国外的教育理念、教学方法涌入我国，如发现法、探究法、合作法、暗示教学法、情景教学等。1986 年《义务教育法》、1995 年《体育法》、1999 年《中共中央　国务院关于深化教育改革全面推进素质教育的决定》、2001 年《国务院关于基础教育改革与发展的决定》等一系列政策法规的颁布，新的育人观、人才观的不断涌现，冲击和影响着教学方法。人们逐渐意识到教学方法的改革不仅要改革方法，而且要将其纳入课程体系、教材内容的整体改革中去。如江苏南通师范第二附小特级教师李吉林提出的"情景教学法"、邱学华提出的"尝试教学法"等。

二十世纪九十年代后期，素质教育、创新教育、新课程等理念不断深入人心，主体性教法、活动教学、校本课程开发相配的教授方法和学习方法指导等教学方法蓬勃兴起，教学方法的"名"与"实"凸显"人文"特征，教学方法改革的时代特征也愈加明显。

教学方法的历史演变是随着历史进程、社会变迁孕育而生的。西方教育理念的传入，加上本土教学实践的呼唤，致使教学方法不得不随之变化。当然，教学方法的演进不能脱离课程、教学的整体设计要求，更不能脱离阶段性的教育理念和教学实际。

虽然体育教学方法的演变受教学方法的影响，但它具有自己独有的特征，如当时的体操、兵操、竞技运动、体育教育等。新时期倡导的素质教育、创新教育、体育新课程等理念和主导思想促使了体育教学方法的不断改进，渗透教育学、心理学、生理学等多学科知识的体育教学方法更具活力。

二、体育教学方法的内涵及体系构建

（一）体育教学方法的内涵

在西方，方法（method）的本意是沿着某一道路或按照某种途径。后来方法指达到某种目标或做事的程序或过程，表示研究和认识的途径、理论或学说。

在中国，"方法"一词最早出现在春秋战国时期的《墨子·天志》中，指的是度量方形之法，后转意为知行的办法、门路、程序等，再后来方法的含义逐步扩大和演化成做事的手段和方法。

关于教学方法的内涵，众说纷纭，莫衷一是，可概括为三类。第一类，教学方法是教师向学生传授知识的策略。第二类，教学方法为达到既定的教学目标，根据教学原则，将教育内容内化为学生的知识、技能及品性而运用的方式和手段。教学方法包括教师教的方法和学生学的方法。第三类，教学方法是教师与学生之间的活动，强调互动的特征。达成的共识有：教学方法要服务于教学目的和教学任务，教学方法要体现教师的教和学生的学之间的密切联系；教学方法是教学中师生双方行为动作的总和体系，具有多方面的功能。

体育教学方法到底是什么，下面从体育教师认同的内涵和理论推导两方面进行剖析。

1. 体育教师对体育教学方法概念的理解

具有代表性的体育教学方法的概念有以下几种：①体育教学方法是在体育教学过程中教师的教法与指导学生的练法的总和；②体育教学方法是在教学过程中完成教学任务所采用的途径与手段；③体育教学方法是实现体育教学任务或目标的方式、途径、手段的总称；④体育教学方法是在一定原则下，师生互相作用，为实现教学目标，合理组织和运用场地、器材及手段的活动方式；⑤体育教学方法是在教师指导下，按照体育教学计划，有目的、有步骤地促进学生身心发展，使学生掌握体育知识与技能、提高体育能力、贯彻思想品德的教育过程；⑥体育教学方法是为实现教学目标、完成教学任务有计划采用的教学活动。

对体育教学方法内涵的把握在总体上越来越具体，对它的特征把握也越来越准确。从对教师的调查来看，超过一半的教师认为前述第六种观点解释得比较恰当，其次是持第五种观点的。这个结果反映出一线体育教师对体育教学方法内涵的理解重在从实用的角度出发，他们对内涵的理解不会像学者一样咬文嚼字，反映了他们注重实用的倾向。

2. 体育教学方法概念的理论推导

可从体育-教学方法-体育教学方法进行理论推导。体育教学方法内涵的推导虽然不是那么严谨，但足以反映出体育教学方法的本质特征。

对体育教学方法内涵的理解，一方面以一线体育教师的调查为依据（反映实用性和教师渴望达到的效果），另一方面以理论层面的逻辑推理及体育教学方法的本质特征为依据。可以把体育教学方法定义为：体育教学方法是师生为实现体育教学目标、完成体育教学任务，采用一系列教学策略、组织方式、具体手段的教学活动措施。有突出"以教为主"的体育教学方法，也有突出"以学为主"的体育教学方法。

（二）体育教学方法的体系构建

1. 体育教学方法的层次体系

科学方法有 3 个层次：第一层次是最高层的方法，适用于所有学科；第二层次是中层的方法，对某类领域有共同指导规律，具有跨学科特征；第三层次是某个学科中特有的可操作的方法。体育教学方法也有 3 个层次。

第一层次：教学方略（模式）。其实质是教师运用多种手法和手段的组合进行教学的行为方式。如发现式教学法既包括提问、组织讨论、启发等多种教学方式，也包括图片演示、实地测试等多种手段。这一层次是教学方法的"上位"层次，即广义的教学方法，是传统概念中的教学方法的组合，属于教学方法的设计层面，可称为教学模式、教学方式，主要体现在单元或课程的设计上。

第二层次：教学方法（技术）。其是指教师使用某种主要的手段实施教学的行为方式。这一层次是教学方法的"中位"层次，亦称教学技术，等同于传统界定的教学方法，主要体现在体育课中的某个教学步骤上。

第三层次：教学手段（工具）。其是教师运用一种主要的手段进行教学的行为方式。这是教学方法的"下位"层次，也称为教学工具，是传统定义上教学方法的组成部分，主要体现在体育课的某个教学步骤中更具体的教学环节上。

2. 体育教学方法的类别体系

我国的教学方法是沿用苏联二十世纪五六十年代的划分标准，所以我国对教学方法的分类仍未跳出这一"标尺"。一方面是对教学过程中教师和学生的各自地位和作用的认识，另一方面是对教学任务的理解。教学任务包含传授知识和技能、发展学生智力和认知能力两方面，这两方面孰重孰轻，致使教学方法分类也就仁者见仁、智者见智。

下面以"体育教学活动主体及教学方法实施突出的重点"为依据，把学校常见的体育教学方法归为以下两类。第一类是"以教为主"的体育教学方法，如讲解法、示范法、纠错法、重复练习法等，主要突出的是教师以传授知识技能为目的，以便于自己完成教学任务、课程内容为出发点，把"教"视为知识技能的主要获取渠道，是针对"传授"为核心而进行的教学方法。第二类是"以学为主"的体育教学方法，如情景法、发现法、探究法、小群体法等，主要突出的是如何让学生更好地获得知识，出发点是学生，是按照学生的需要而设计实施的教学方法。

两类体育教学方法的区别如下。"以教为主"的体育教学方法基本上类似于我们所说的传统体育教学方法、常规体育教学方法，主要突出的是教师按照"教"的意愿进行教学，很少考虑学生的感受和接受能力，重点是把知识、技能传授给学生。"以学为主"的体育教学方法以发展学生能力为主要目的，以学生的发现、探究、合作等为主要形式，是学生在教师指导下自主或合作完成教学任务、发展能力的一种教学方法。其重点是培养学生发现问题、解决问题的能力，培养学生学会学习或练习的方法，关注学生的感受和体验。这类方法既含有理念，又含有具体手段和技术。

3. 教学方法与教学法的关系

一般来说，教学法既包括教学方法和教学原理，又包括教法、学法及组织法。教学原理包含教师的教授原理、组织原理和学生的学习原理。教学方法涵盖教授方法、组织方法和学习方法。

第二节 高校体育创新教育教学方法
的选用与实施

一、体育教学方法的设计与选用实施

(一)体育教学方法设计

1. 体育教学方法设计的原则

第一,讲究健身性。体育的本质就是增强体质,体育课更是以增强学生体质健康为主要目标。如果离开这个最主要的目标,体育教学方法设计就偏离了主题。

第二,提倡多样性。教学内容丰富多彩,教学方法形式多样,组织方式千变万化,这些都需要体育教师在设计体育教学方法时予以考虑。教师应增加选修课程,挖掘乡土教材,采取多样化的教学方法,为提高学生的练习效果服务。

第三,注重选择性。体育教学方法设计离不开教学内容的选择、教学难度的安排、实现目标的多途径性。体育教学方法多种多样,只有选择适合教师教学能力、学习基础、现实设备条件的教学方法才能起到好的教学效果。

第四,增加趣味性。体育课相对枯燥,再加上体育教学方法老套、单调,容易导致学生对体育课的反感。增加体育教学方法的趣味性,不但对教学效果能起到促进作用,而且对学生对待体育课的态度也有着重要影响。

2. 体育教学方法设计的出发点

好的体育教学方法设计对提高教学效果、组织体育课堂、落实体育教学方法等方面起到重要作用。

有关资料显示,大部分体育教师在设计体育教学方法时都能从学生或学法的角度出发,针对学生的不同基础、技能水平、接受能力、愿意学习内容等方面来设计合理的体育教学方法。这对在课堂上组织好学生练习、提高教学效率至关重要。如果没有事先的设计,再好的体育教学方法也难以实施。

3. 体育教学方法设计的要求

体育教学方法设计有哪些要求,不同教师有不同的看法。体育教师对体育教学方法设计有 6 点要求:①从教法和学法的有机结合出发,综合运用教学方法,谋求教学整体效益;②突出相应的教材特点,与教学模式相协调,多角度实施教学方法;③引导学生发现运动的原理,使学生掌握创造性解决问题的方法;④针对学生的体育需求,通过一系列教学策略,激发学生体育学习的内发性动机;⑤增强学生体育学习的自信心,培养学生善于与人交往合作的能力;

⑥培养学生的集体意识、团队精神，以及公正、乐于助人等良好的社会行为规范。这些要求强调的重点差别不大，基本上都从培养学生的角度出发，针对教学原理、教学模式、学生需求等方面进行考虑。这充分体现了体育教师对待体育教学方法设计的理念符合创新教育理念的主导思想。

4. 体育教学方法设计的理念

第一，牢记创新教育思想的理念。现代倡导的素质教育、创新教育不再是以传授知识为主要目标，而是更注重提高学生的能力。无论是素质教育还是新课程，都对创新教育宠爱有加。不但对传统教学模式、教学内容进行创新，而且要设计出创新的教学方法，以激发学生锻炼的兴趣、推动素质教育的落实、实施有针对性的教学方法改革。

第二，明确教师角色转变的意图。体育教学方法设计带有主观性，体育教师不断扮演新型角色，从一个"教书匠""传授者""师道尊严的权威者"转变为学生学习的"促进者""合作者""引导者"。

第三，升华教学技能的艺术品位。教学方法本身具有艺术性，不同教师使用同样的方法会出现不同的效果，这正是教学技能的艺术性。体育教师不能对传统教学方法"守缺抱残"，更不能对现代教学方法"画蛇添足"，而是需要把传统教学方法和现代教学方法结合起来，不断提高教学技能的艺术品位，引导学生喜欢练习、自觉锻炼、心甘情愿地学习。

第四，搭建学生展示自我的平台。体育教学方法的实施需要以学生为主体。学生主体性发挥得好，教学方法就能实施得好。体育教师应该多为学生提供展示自我的机会和平台，培养学生的创新意识，锻炼学生的创新能力，让每个学生都能体验成功、感受愉悦，帮助学生树立自信、激发斗志，形成自主学习的动力。

（二）体育教学方法选用依据

体育教学方法的选择不能随心所欲，不同体育教师选择体育教学方法的依据各不相同，即便是同一个教师在不同时期、不同教学阶段选择体育教学方法的依据也会有所不同。下面列举选择体育教学方法的基本依据：①教学时间；②各个体育教学方法本身的特点、功能、发挥的效能；③体育教师的能力和自身习惯；④基本的体育课堂设施、器材充裕程度；⑤体育教学内容安排、要求；⑥体育教学目标、任务；⑦学生的体育技术、技能基础、身体素质水平。

体育教师在选择体育教学方法时，更多考虑的既不是自己，也不是教学内容，而是考虑学生的体育基础、身体素质水平。可以说，这是实施素质教育、体育新课程以来体育教师最大的转变。体育教师不再是从自我出发，而是从教授对象入手，真正把学生放在第一位。也正是如此，创新教育理念才能落实，教育创新才能实现。

（三）体育教学方法的使用

1. 体育教师常用的教学方法

体育教学方法多种多样，下面列举一些常见的教学方法：①讲解法，示范法；②纠正错误法，帮助法；③分解法，完整法；④比赛法，游戏法；⑤情景法；⑥自主法，合作法；⑦暗示法，念动法；⑧启发教学法；⑨问题探究法；⑩小群体法。

自上而下看，一些教学方法（①～⑥）基本上是常规的，这些方法可以说大部分教师每节课都在使用，并且还反复地使用；而另外的一些体育教学方法（⑦～⑩）就显得有些陌生，不排除有些体育教师在无形中使用。如问题探究法，虽然体育教师不会像书本中描述的那样严格操作，但在提问、引导学生启发思维等个别环节中经常使用。

上述教学方法自上而下的顺序也就是常规教学方法到新式教学方法的顺序，体育教师一直用、经常用的教学方法的频率逐渐减少，而偶尔用、不常用的教学方法的频率逐渐增加。这说明体育教师借鉴先进教学方法、实施新式教法尚未完善，这也正是需要加强的。

2. 体育教师指导法的使用

众所周知，要想激发学生的创新意识、锻炼其创新能力，只靠体育教师的讲解、示范是不够的，还必须积极地指导学生学会学习、自主学习，留给学生自由发挥的空间和独立思考的机会，不断引导、诱导学生的创新意识。这些对培养学生的创新意识和锻炼学生的创新能力有很大的帮助。大部分体育教师理论水平较高，认为不做过多统一要求、留给学生思考的机会、引导学生质疑等对培养学生创新能力而言十分必要，对待这些问题的态度和评价比较一致，但具体实施起来可能存在偏差。

3. 体育教师对现代教学技术手段的认识

现代教学技术手段，如幻灯片、投影仪、录像机、计算机、网络等，是丰富教学内容、提高体育教学质量的有力保证。当今知识日益丰富、信息日益畅通，体育课也需要不断应用现代教学技术手段来丰富和补充。

现代教学技术手段对培养学生学、练的兴趣和积极性，促进学生掌握学习方法、拓展课外信息、启发学生积极思维、提高教学效率等作用明显，得到一线体育教师的认可。然而，现代教学技术手段在应用上还存在很多困难。现代教学技术手段对提高教学效率和学习效率、激发学生创新意识、锻炼学生创新能力的作用毋庸置疑，教师应尽量为现代教学技术手段应用到现代教学中创造条件。

二、体育教学方法的影响因素与改进建议

（一）体育教学方法的影响因素

体育教学方法的影响因素很多，有笼统的（教学思想、教育观念），也有具体的（方法本身特点、器材设备等）。总体来看，教学目标、教学任务、教学思想观念等属于指导思想的因素，以及教师的水平、场地器材设备等因素对体育教学方法影响较大。这些因素是影响体育教学方法的主要因素。相比而言，传统教学习惯、教材的性质等因素对体育教学方法影响较少。不难想到，从心理和认识层面，体育教师在教学中不仅能体现出真正意义的指导思想，也能脚踏实地，认真落实。

（二）改进体育教学方法的建议

体育教师教学方法的实施效果到底如何，学生最能反映真实情况。从调研情况看，学生对体育教师教学方法的意见较多。大约有一半的学生认为教师教授的内容枯燥，不能激起学习兴趣和锻炼的积极性；认为教法单一、老套，变化不够。现代技术手段应用少、身体素质训练过多、与学生交流不够等，也是引起学生对教学方法不满的原因。

第一，从学生发展的角度考虑，教学方法应多从兴趣入手，调动学生的积极性，多选择一些以学生发展为主的方法。组织形式应灵活多样，注重发挥学生的特长，让学生多体验体育的乐趣。第二，从教师的角度考虑，体育教师应提高自己的素养，加强教学培训，不断总结和反思自己的教学，从中吸取经验。第三，从教学方法角度出发，应多创编一些练习手段，设计方法要恰到好处。第四，从教学条件和环境出发，体育教学方法的运用应遵循实际，把教学方法作为实现教学目标的有效手段和途径。第五，从其他角度考虑，理论联系实际、弱化应试教育、重视体育课等都是不错的建议。第六，从教师的角度考虑，反映最突出的是希望教师能与学生多交流、打成一片，其次是希望教师多鼓励学生。第七，从学生感受的角度出发，教师应多创建一些宽松、自由的课堂环境，让学生在轻松的氛围中学习。

（三）体育教学方法创新的视角与实例

1. 从教学要素整体着眼，合理编排体育教学方法

教师怎样根据并运用课程教材来使学生学习，从而达成教学目的？这就必须依靠一系列方法。方法是教学活动的一个重要因素，它包括教师在课内和课外所使用的各种教学方法、教学艺术、教学手段和各种教学组织形式。

体育教学方法受制约于课程内容，通过学生达到教学目的或教学效果。教学方法的两端主体是教师和学生。

教学效果的评价主要通过学生反映，而方法只有作用于学生后才能产生效果；影响教学效果的因素除了教师的传授水平、方法的执行情况外，还有学生的内化、吸收、创新。换言之，教学方法两端的主体是决定方法实施效果的核心，两者的配合协调更是产生良好效果的关键。

教学方法的编排连接着教师和学生。教师的教学素质、水平、教学艺术、创新意识等不仅影响着教学方法的选择和运用，还影响着教学方法的改编和创新；学生的身体素质基础、训练接受水平、技能掌握规律更是影响着教学方法的实施效果。所以，教师不但要提高自身的教学水平，也要了解和掌握学生的接受水平和内化程度。只有教师和学生通力合作，才能做到"教学相长"，共同完成教学方法的创新、教学效果的提高。

体育教学方法丰富多彩，形式各异。要想利用好体育教学方法，必须从实际的教学条件考虑。场地的充裕程度、器材的配备、实施体育课的条件等都是选用体育教学方法必须考虑的因素。

由于城乡地域、经济条件等的差异，导致每所学校的设备并不一致，且无法全部满足体育教学所需。在条件不允许的情况下，体育教学方法需要扩展和改进，使其更适合体育教学。当然，体育教学方法的扩展和改进只是手段，真正的目的是能够更好地满足体育课的需要，切实提高学生的健康体质，培养学生的创新意识和锻炼学生的创新能力。

扩展体育教学方法就是扩大某种教学方法的功能与应用范围，主要体现在教学的组织形式方面。如教学分组，以前是按人数进行分组，但随着教学改革的深入，越来越多的体育教师认识到教学组织形式应多种多样，于是出现了按兴趣分组、按伙伴朋友关系分组、按基础和水平分组、按性格分组等扩展。

改进体育教学方法是在原有方法运用的基础上，教师经过总结，改进不足或创造新的教学方法。改进法在教学实践中经常被使用，如对组织形式的加工、对教学手段或工具的改良等。在篮球教学比赛分组中，采取让学生自由组合的形式，将以前的讨论法形式改进为小群体探究形式等。

2. 从教学效果出发，优选、组合体育教学方法

体育课是按照完整的教学程序进行授课的，教学过程具有完整性和独立性。体育教学方法虽然只是整个教学过程中的一个要素，但它也是完成教学目标、实现教学任务最直接的途径和方式。体育教学效果取决于各个要素的通力协作，突出的是过程与结果的关联。从教学效果考虑，合理选择、优化组合体育教学方法，利用系统论的理念，将"教"与"学"看作"动态系统"，将目标-方法-效果融于教学环境。体育教学方法在实施过程中要做到"瞻前顾后"，既考虑教学目标、任务的完成，又考虑所起到的效果，强调学习的内在过程，创造好的教学环境以充分调动学生的主观能动性。要注重方法的组合和联合使用，追求方法的"合力"效果和功效，尤其是在教学方法设计时更要全盘考虑，拓宽视野，把握全局，真正做到教学方法的"一体化"。

3. 从学生未来发展考虑，统整筛选体育教学方法

体育课对学生未来发展的作用至关重要，高等教育阶段是学生成长发展的重要阶段。体育是特殊的学科，再加上体育运动项目繁多，导致其对学生的影响巨大，不仅能影响学生身体和心理的健康，还能影响学生人生观、价值观的形成。体育教学方法形式多样（有单个的，也有组合的；有为解决短期目标的，也有为长期发展考虑的），就其促进学生未来发展的角度考虑，对体育教学方法进行统一整理和筛选，尤其对一些多种手段组合的教学法（探究性教学法、合作性教学法、自主学习法等）要统一整理和筛选。一方面，这些教学法对学生未来发展极为重要，要加强运用；另一方面，这些教学法的使用不能过于随意，也不能过度。教学方法是实现目标的途径，当然目标可能是单一的，但途径是多种多样的。这些途径中总有最省时省力的。这就是统一整理和筛选的作用，没有体育教师的精心筛选，实现目标就会走弯路，教学效果就会变差。

第三节　高校体育创新教育教学方法的发展

一、创新教育理念下体育教学方法的反思与展望

（一）体育教学方法的历史反思

体育教学伴随着学校教育的发展而不断发展。体育教学方法也随着学科的发展而不断发展，从训练方法和师徒式的传教方法发展成有中国特色的方法体系，既含有一般教育学的方法，又含有体育这个特殊学科的专门方法。

中国的学校教育从 19 世纪中叶洋人创办的教会学校开始，教学形式打破了以前的私塾教学，开始实施"分斋教学法"和班级授课制，主要形式是传授式。

20 世纪初，政府颁布了一些政策，如 1904 年颁布的《奏定学堂章程》、1912 年颁布的《工子学制》、1922 年颁布的《壬戌学制》等。这些政策的颁布使学校的教学活动得以延续和发展，也给体育教学带来了新的机遇和制度保障。当时的教学引进了大量西方的教学方法，如设计教学法、启发式教学法等，这些新方法与传统方法形成了中西交融。

新中国成立后，中国的体育教学全面学习借鉴苏联，而苏联的教育强调的是教师主导论，教师就是权威和领导者，导致教学方法又回到"传授式"教学。之后"以劳代学"盛行。

改革开放后，受先进教育理念的影响、多学科知识的渗入，新的体育教学方法不断涌现，如发现法、探究法、情景法、小群体法等，给体育教学带来了无尽活力。

体育教学方法的不断发展和完善，充实着体育课堂内容，实现着体育教学目标，完成着体育教学任务。体育教学方法的历史发展给我们留下了深刻的反思：第一，体育教学方法是随着学校教育的开展而不断发展的；第二，体育教学方法的中西杂糅现象明显，既显示了本土的传授功能，又凸显了西方的人文特性；第三，体育教学方法受教育学、心理学、生理学等学科理念的影响越来越大，移植的方法也越来越多。

（二）体育教学方法与其他教学要素协调配合的思考

体育教学的效果取决于体育教学诸多要素构成的合力，不可能仅靠教学方法单因素的改革就达到提高教学效果的目的。教学方法两端的主体是教师和学生，实施教学方法的是教学条件等媒介，这些都是影响教学效果的重要因素。

教学方法主要受制于课程。它是为把课程的内容化为学生的知识、能力、思想、感情，从而达成教学目的而服务的。在教学方法的进程中，它必然也要受到教学环境客观条件的制约。方法是由教师来掌握的。因此，教师的教学能力水平、创新思维观念、创新意识和能力不仅决定教学方法的创新，还决定方法的实施效果。

体育教学需要多个因素的协调配合才能达到理想的效果。教学活动最基本的 7 个要素之间相互联系、相互制约。作为其中一个要素的体育教学方法虽然连接着体育教师和学生，但是又受课程限制，因此，作为核心要素的体育教学方法必须与其他要素相互配合、相互协调，方可实现教学目标、完成教学任务，切实提高体育教学质量。

"主张每个教师都努力提高自己的教学修养，掌握多种多样的教学方法、手段和技巧，形成高超的教学艺术和教育机制，能因人、因时、因地制宜，灵活运用。在思想方法上关上形而上学的门，打开唯物辩证法的门，不断开拓、不断创新。"

（三）体育教学方法在实施过程中的困惑

体育教学方法的实施主体是教师和学生。体育教师的文化知识、教学艺术修养、知识面等相对薄弱，没有养成总结、反思教学方法的习惯，导致对有效改进体育教学方法的研究不够深入，出现了"教学方法有反思却少改进""指导学生合作、探究有形式却少实质""与学生互动有温度却少深度"等现象。这些现象既是教学方法的问题，也是教育观念的问题，改变起来绝非一朝一夕。

学生由于长期受传统教育思想的影响，认为体育课就是放松身心、缓解学习文化课过度疲劳的压力而开设的附属课，可有可无，学好学坏对未来影响不大。再加上体育课本身枯燥乏味，"过度练习"又会影响文化课的学习，导致学生对体育课并不重视，参与体育活动也不积极主动。

（1）体育教学过程中，教学方法的应用和实施渗透着教育观念、思维形式，这些非智力因素的提高需要时间和过程，而现实教学条件（课时多、训练累、设备不够、学生差异大等）制约着体育教师，导致体育教师很难转变思想、更新观念，导致体育教学方法的改革有形式而无实质。

（2）体育教学方法多数是移植教育学、心理学、训练学等学科的方法，而每种方法的应用都是有条件的，如何在体育课中发挥应有功效需要更深层次的研究。一些体育教师在实施教学方法的过程中陷入了误区，例如，把"合作学习法"实施成"自由学习法"，把"鼓励、激励教学法"实施成"绝对表扬法"等。

（3）体育教学方法影响因素很多。有些问题仅靠师生在短期内是难以改变的，如考试制度、办学条件等；有些问题需师生经过长期艰苦的努力才能克服和解决，如教育理念的转变、教学技能的提高等。

（4）如何把教育理念具体化到方法和行动中，如变重认知到重情感、变重技能传授到重能力培养、变重结果到重过程、变重教师的教到重学生的学、变重教法到重学法、变重继承到重创造等，需要教师长期不懈地进行努力。

二、体育教学方法发展与创新带来的启示及展望

体育教学方法肩负着实现教学目标、完成教学任务的使命，由于它的发展与创新时刻伴随着其他教学要素的改变，所以教学效果必然会受到影响。体育教学方法的发展和创新给体育教学带来了无限的生机和活力。虽然当今实施的体育教学方法存有很多问题，但是它的不断完善势必会促进体育教学的改革。随着体育教学形式的多样化，体育教学方法呈现出现代化、心理学化、个性化的发展趋势。

（一）体育教学方法现代化

体育教学方法现代化是随着现代教学技术的发展而呈现的。多媒体、高清录像、网络、形象化的挂图、器材的科技化等都是完善教学方法的手段和工具。这些不但丰富了体育教学形式，而且对技术动作学习起到很大的辅助作用。

（二）体育教学方法心理学化

体育学习过程就是心理过程，知识技能的提高更是一个高度复杂的心理过程。对技术动作的分析不能仅停留在学习或训练方面，而是应更多地从心理变

化入手。如体育课的开始部分，创设生动活泼的情境以激发学生的兴趣和积极性；体育课基本部分，关注学生练习动作的表现并及时分析心理原因；体育课结束部分，选择播放一些舒缓、柔和的音乐，实施念动放松等。

（三）体育教学方法个性化

教学是师生共同完成的，学生是主体，起到内因作用。要取得好的教学效果，发挥学生的积极性，实施因材施教是必不可少的。现代体育教学体现了区别对待，尊重学生，进行民主教学。以讲解、示范、纠错为主的教学方法也转变为以探究、自主、小群体为主的形式。

体育教学方法的改革应树立全新的教育理念，注重学生主体性、全体性、社会性、创新性的培养。

（1）关注学生的主体性、全体性。培养学生的学习主动性、能动性和创造性成为教学普遍追求的一种趋势，体育教学也不例外。体育思想实现了由体育手段论向运动目的论的转变、教学方法设计的重点由教法向学法的转变、教学方式由教授向指导的转变等。接受全体性教育是每个学生的权利，不让每一个学生"掉队"是教师应有的责任。体育教学方法的设计和应用越来越重视对不同水平学生的因材施教，让每个学生都能体验到成功和喜悦的乐趣，确保全体学生都能得到提高和发展。

（2）关注学生的社会性。体育教学是培养学生合作、竞争、正义、奉献等社会美德的有效途径。体育教学方法的创设能给学生提供条件和机会，例如，合作性学习、群体讨论法、辅导帮助法、榜样激励法等，不但能培养学生团队精神、集体意识，而且能起到促进学生乐于助人、规范行为、友善交往的作用。

（3）关注学生的创新性。培养学生的创新性已成为教育的神圣使命。体育教学同样要善于挖掘学生的创新潜质，培养学生的创新意识和创造力，如技术动作创新、规则创新、组织形式创新、学习方式创新等。体育教师要允许学生走"探索的弯路"，激发学生的求知欲、好奇心、创新思维，要给予学生友善的鼓励和指导，要给学生提供创新的机会和环境。

第五章 CHAPTER FIVE

体教融合视域下高校体育
教学手段的创新与实践

所谓"手段"，可指本领或技巧。从马克思对劳动手段的分析可知，手段的最大特征是：手段是以实体形态存在的，是一物或诸物的复合体，是通过自身所具有的机械属性、物理属性和化学属性作用于客观对象的。

第一节　高校体育教学手段的基本内容

一、体育教学手段的概念

人类最早是把加工后的石头作为自己活动的物质手段，因此手段也称为工具，即人体器官延伸的工具。今天工具也称为硬件或硬设备，如各种机器设备、构成计算机的各个元件、部件和装置等。何为"工具"？其原指工作时所需用的器具，后引申为达到、完成或促进某一事物的手段。它的好处是机械性和智能性。工具的具体解释有3个：①人在生产过程中用来加工制造产品的器具；②比喻用以达到目的的事物；③比喻专门秉承他人意志办事，像工具一样的人，多含贬义。

可以在参考马克思对劳动手段分析的基础上结合词典中的不同含义，把"手段"定义为"实现目标过程中所运用的实体工具"。这个工具应包含以下含义：一是人体器官之外的工具，如飞机、汽车、电脑、钟表、手机等各种器具；二是把人本身作为实现目标的工具，如"他是恶霸欺压平民的工具"就是把人作为一种工具，欲抵达河的彼岸的游泳就是把自身作为一种使用的工具；三是可以把人体的某一器官作为达到目标的工具，如要让学生听明白词义，需要教师的讲解，此时教师的口腔就是一种达到目标的工具。

在手段这个概念之中，目标是使用手段的依据。没有目标，手段的存在就没有意义。只有在目标的前提下，手段才被人们选择与使用，此时的手段才富有活力与价值。

方法与手段是不同的，它们之间有一个共同的特征，那就是"实现预期的目标"的要素，但在实现目标的过程中，突出的要素不同，会导致方法与手段的先后关系或两者的重要程度不同。例如，庖丁解牛首先突出的是手段的重要性，庖丁使用的那把锋利的刀就是有效解牛的手段或工具，这也是人们所强调的"工欲善其事，必先利其器""手巧不如家伙妙"。要把事办好，先要有一个得心应手的工具。庖丁对牛体结构了如指掌，能"顺其理"，按着牛体骨骼空隙去行刀，做到 19 年不用磨一次刀。其次，庖丁解牛的效率非常高，这无疑强调了解牛方法。庖丁根据牛的生理特征下刀（基础就是对牛的生理特征了如指掌），从哪里开始下刀、沿着什么线路运刀、什么时候收刀等，都要遵循牛的生理特征。

再比如，医生对病人诊病下药。高明的医生强调的是方法，采取正治还是反治，是先治本还是先治标，用汗、吐、下、和、清、温、消、补疗法。而有些医生重视的是手段，常规的手段是先进行各类指标的化验、人体各器官的透视等。当然，把先进的仪器设备与丰富的经验结合起来，诊病下药效果会更好。

如上所述，在实现目标的过程中，强调物质中介因素或手段的重要性，固然是无可非议的，但是如果没有精神中介因素或方法的参与、指挥，那也是一事无成的。例如，在发展的过程中曾大量引进外国先进设备，但由于缺乏管理先进设备的方法，导致一度遭遇挫折，不得不转向对现代管理方法的研究。这些例子都有力地说明了方法与手段皆是实现目标不可或缺的要素。

教学手段是师生教学相互传递信息的工具、媒体或设备。随着科学技术的发展，教学手段经历了口头语言、文字和书籍、印刷教材、电子视听设备和多媒体网络技术 5 个阶段。

通过对体育教学手段概念的界定，既说明体育教学手段没有引起足够的重视，也说明体育教学理论的匮乏。从唯一一个对体育教学手段概念的界定可以看出，所谓广义的手段是泛泛而谈，没有涉及体育教学手段的本质；狭义的手段则比较接近体育教学手段的本质，但没有能够很好地概括体育教学手段的外延。

从手段与教学手段的概念入手，体育教学手段的概念应界定为"实现体育教学目标过程中使用的实体工具"。同其他学科教学活动一样，为实现教学目标，体育教学通常使用教室、黑板、教具、媒体等实体工具，但体育教学使用的物化工具还具有特殊的含义，这是由于体育教学中师生需要大量的身体练习活动。因此，体育教学手段中的实体工具既可以指物质方面的工具，也可以指人体或人体某些部分，如为了实现"使学生清晰地观看较为准确的教师示范动作"的目标，教师以自身某些部分作为工具向学生进行演示。

二、体育教学手段的功能

（一）辅助运动教学功能

教学手段具有直观的功效。在体育教学中大量使用新颖实用的教学手段，可以辅助教师的教学。虽然教师在一节课中的动作示范是最重要的，但是体育教师不可能无限制地做示范，因此需要借助其他的教学手段，如学生示范、正确动作图示、人体模型等。体育教师要善于寻找、发现、借用、创新各种教学手段，增加形声效果，促进学生对知识的记忆理解、发展智力、提高能力，为教学服务。

（二）更新教学观念功能

电子计算机的发展和普及，使教学过程中信息的传递和控制有了重大突破。虽然多媒体技术在体育课教学中普遍受到限制，但是体育课程借助多媒体教学的趋势是不可阻挡的。只是在形式上可以多加变通，如可以运用笔记本电脑，在讲课之余，让学生观看运动过程、标准动作技术，以增加学生的理解。总之，在体育教学中，体育教师不要局限于现成的教学手段，要广开思路，勇于创新，开发出更优良的教学手段。

（三）增加直观效果功能

教学手段主要是指教学硬件方面的内容，硬件方面的材料具有很强的直观性，如教师的示范、人体模型、教学用具的演示等，学生一看就能明白。有时学生出现了错误动作，教师的"一推一拉""一拍一提"就能产生奇效。这些教学手段都是非常直观、有效的，经常使用这些教学手段可增加学生对运动技术的直观感觉与体验，有助于学生快速有效地掌握运动技能。

（四）扩展信息反馈功能

教学手段具有非常直观的功效，教师可以获得来自学生身体的直接反馈，如视觉的直接反馈、肌肉本体的直接反馈、身体空间感觉等。通过各种教学手段的使用，可以拓展学生在体育教学过程中信息反馈的渠道与路径，而这些来自学生身体的反馈信息对于学习与掌握各种运动技能是必不可少的。

（五）加强师生合作功能

班级授课制表面上富有集体性，但其缺点也显而易见，它基本上属于组织与管理范畴，没有真正意义上的合作、分工与责任等，学生完成教学任务基本是单独进行的，这与现代社会人与人之间高度合作的特征相悖。体育教学中大量使用的教学手段明显加强了师生之间的合作，体育教师可以通过各种直观的、"手把手"式的教学手段，增加师生身体之间的交流，传授身体运动方面的智慧。这对于运动教学来说具有特殊的价值与意义，在体育教学中应大力提倡。

三、体育教学手段的划分

本书认为，可用"二分法"原理把体育教学手段划分为人体内部感官视角手段与人体外部视角手段。

（一）人体内部感官视角手段

1. 视觉手段

所谓视觉手段，顾名思义就是指运用人类的视觉器官（眼睛）来感知外界事物的手段，例如，摄影、电视、电影、造型艺术、建筑物、各类设计以及各种文字等能用眼睛看到的都属于视觉手段。教学活动中的视觉手段有很多，如书本、黑板、电视、电影等。在体育教学中使用的教学视觉手段与其他课程教学有所不同，更多趋向于教师的示范、学生的示范、学习卡片、教具、挂图、人体模型、标志物等，有条件的学校在体育教学中也可以使用电视、幻灯片等手段。

2. 听觉手段

教材的声音效果主要由教师讲解、音乐、音响3类组成。一般情况下，表达思想感情、阐述科学道理时使用讲解，调节课堂气氛、渲染氛围时使用音乐，让人产生身临其境的感觉时使用音响。当然，在各种声音中占主要地位的当属教师课堂讲解。体育课堂教学若能在教师良好讲解的基础上，配合美妙的音乐、强烈的节奏，则可以给学生"耳目一新"的感觉。在体育教学中广泛使用的听觉手段有收录机、播音机、手鼓、节拍器等。

3. 视听觉综合手段

视听手段来源于直接法和听说法，它是在听说的基础上利用视听结合而形成的一种教学手段，强调在一定情境中听觉感知（录音）与视觉感知（图片影视）相结合。视听教学手段包括：立体视觉教具，如标本等；平面的视觉教具，如照片、图表、图解、地图、宣传册、连环画、黑板、布告牌等；视觉教具，如静画、无声影片、幻灯片、实物投影、显微镜投影等；听觉教具，如唱片、磁带录音机、校内广播装置、收音机等；视听觉教具，如有声电影、闭路电视、公用电线电视等。通过上述视听觉活动和教材、教具，可以显著地提高教学效率。实验证明，相比传统的教学方式，视听教学效率可以提高25%～40%。在体育教学中使用的视听手段可以具体分为视觉媒体、听觉媒体、视听媒体、综合媒体（多媒体）等，其中视觉媒体包括非投影视觉媒体（图片、模型和教具等）和投影视觉媒体（投影、实物投影、显微投影、幻灯片）。

4. 触觉手段

触觉是接触、滑动、压觉等机械刺激的总称。人体的触觉器是遍布全身的，如人的皮肤位于人的体表，依靠表皮的游离神经末梢能感受温度。体育教学中的"手把手"式教学就是一种非常好的教学手段，它在体育教学过程中的使用是非常普遍的。学生运动感知的获得有时是很困难的，学生除了参与必需的身体运动之外，还要体验身体在不同运动过程中的感觉。如果没有这种身体感觉，运动技能的获得就将成为一句空话。在学生不断学练技术的过程中，教师若能将自身获得的身体感觉通过某种方式传递给学生，帮助学生建立与体会这种身体知觉，那么运动技能的掌握必将缩短很多时间。"手把手"式教学手段就是依赖教师的身体对学生运动中的身体给予一个恰到好处的刺激，提醒学生动作的时机与要点，这样学生就可以在自身努力练习的基础上，借助教师的点拨，加速对运动感觉的理解与体验。触觉手段除了包括教师给予学生身体上的阻力与助力之外，还包括一些限制物、障碍物等，它们的主要作用是通过学生对限制物的感知与反馈，调整运动行为。

（二）人体外部视角手段

1. 运动场地

运动场地是每一个学校都需要大力投资修建的，是学校的运动物质文化，是学校美丽的风景线。同时，教师可以将运动场地作为一个很好的教学手段。运动场地除了本身可以作为教学手段之外，还有一些内容可以作为特殊的教学手段，例如，体育馆内的墙壁可以作为排球垫球、扣球、传球的教学手段，室外的墙壁可以画上标志用作足球定位，室外运动场地的线条可以作为接力跑的线，台阶可以用于发展学生的跳跃能力等。这些教学手段都是学校内固有的，可以充分利用，当然在使用过程中需要提醒学生爱护公物、保持卫生。

2. 体育器材和设备

体育器材和设备本身就是一种教学手段，同时还具有其他功能。例如，海绵垫可以用于做前滚翻和各种体操动作，也可以作为各种动作的保护与帮助手段；篮球可以用于篮球技术的教学，也可以用于篮球接力游戏，发展学生的协调能力；排球可以用于排球技术的教学，也可以当作障碍物，让学生在有障碍情况下完成规定动作。体育器材和设备的教学手段的开发不胜枚举。

3. 教学辅助用具

在体育教学中还有一些教学辅助用具可以作为很好的教学手段。例如，踏跳板教学手段的使用可以帮助学生在助跑起跳之后腾空，以建立腾空的身体感知。若没有踏跳板这个教学手段，学生就很难体验身体在空中的感觉，因为就一般学生而言，其身体素质与运动能力不足以充分地起跳。再如皮筋等也是很好的教学手段，可用于跳高的教学，其既安全又可代表高度；其也可用于跳远教学中的前置障碍，目的是提示学生提高腾空高度；其还可以在排球教学中作为发球高度的提示手段等。还有很多自制的辅助用具，如报纸、可乐瓶、易拉罐、木棒、铁圈、毛竹条等，都是在体育教师充分发挥智慧条件下能广泛应用于体育教学的自制教学手段。

四、体育教学手段的运用

一般来说，体育教学手段是．体育教师在长期的实践中，根据教学内容的特征，在深入分析教学方法的基础上总结出的许许多多丰富多彩的形式。在这里，我们列举一些简单的例子加以说明。

（一）体育课中多媒体教学手段的使用

随着现代社会与科技的发展，多媒体技术在社会各界已经得到广泛使用，学校教育中各学科的各种教学软件也应运而生，为教学提供了便捷、有效的方法。从当前的情况看，多媒体教学在学校教育的各个学科中仅限于语文、数学、化学、英语等，在实践中产生了积极效应。从传统观念来看，普遍认为多媒体教学和体育课联系较少，也就是说体育课不宜运用多媒体教学手段。的确，体育课是以室外教学为主的阳光课程，这个特点决定了它不可能像室内教学课那样大量使用多媒体教学。体育课不是理论课，体育课存在大量的身体练习，体育课是一门操作性学科，所以，多媒体教学在体育课中的使用受到了较多的质疑。本书认为，要在体育课教学中使用大量的多媒体教学是不可取、不现实的，且背离了体育学科的本质特征，因为学生仅依赖视觉是无法掌握具有很强操作性的运动技能的。但完全远离多媒体教学手段也是一种极端的做法，也是不可取的。我们虽然无法先在教室里看完由多媒体演示的运动技术，再到操场上进行运动实践，但我们可以利用笔记本电脑，在学生需要观看视频时打开电脑，让学生在短时间内观看。因此，在体育课教学中不能完全排斥多媒体教学手段。现代的多媒体教学手段已经基本替代了传统意义的收录机、播音机、手鼓、节拍器等教学手段，综合学生视觉、听觉、视听觉的各种内容，是一项有待开发的具有广阔发展空间的体育教学手段。

（二）体育课中教具教学手段的使用

教具是指教师在课堂教学活动中，为帮助学生掌握教学内容而运用与教学内容相关的教学用具。体育课教学中使用教具和体育器材是一个普遍现象，教具是提高教学质量与效果的一种辅助性材料。一般来说，教具是体育课堂教学中经常使用的一般教学用具，如媒体、篮球、排球、足球、体操垫、实心球、跳绳、跳箱、各种架子、橡皮筋等，这些教具平时都储存在器材室，供教师随时使用。当前体育教师在使用教具方面还存在较大的空间，也就是说，体育教师在平时的教学中还没能充分发挥教具资源的作用。因此，体育教师要根据具体的教材内容，充分地利用教具以提高体育教学的效果。教具的主要作用是激发学生注意力。教具可以作为障碍，发展学生体能；可以作为限制物，帮助学生解决运动技术的问题；可以作为标志物，提醒学生要注意等。例如，可以借助体操垫和篮球进行跨栏与攻栏练习。具体方法是在高约 90 厘米的台阶上，铺设两张垫子，并在垫子上放一个篮球。在做攻栏练习时，练习者的摆动腿积极折叠摆动，当摆至垫面高度时，迅速打开小腿，在超过垫面高度后，小腿继续前伸，用脚跟"踹"篮球，同时，上体继续前倾、异侧臂继续前伸，直至摆动腿在垫面上不能滑动为止，此时，两大腿的夹角达到最大，上体和异侧臂分别达到最大前倾和前伸程度。该设置的作用在于使学生用脚跟去"踹"，帮助学生体验快速攻栏的肌肉感觉，掌握脚跟向前攻栏的技术，形成快速攻栏的意识。体育教师还可以利用小沙包进行站立式起跑，站立式起跑的技能特征是一脚前一脚后，根据左右脚站位两手臂配合自然摆放，重心下降并前移，听到发令后快速蹬地跑出。站立式起跑易犯的错误包括：预备时同手同脚；预备时两脚间隔太大，重心靠后；听到发令时，后蹬不充分、起跑慢，甚至会出现垫步现象等。为解决这些问题。教师可巧妙利用小沙包，有针对性地解决学生的易犯错误，如用小沙包解决同手同脚问题、用小沙包当"起跑器"解决后蹬问题、用小沙包帮助学生重心前移等。

颜色可以起到很好的标志提醒作用，可以在教学过程中设置醒目的标志。例如，在沙地上用白色条带设置各种远度标志，学生每跳出一次新远度，就会得到教师的表扬，学生练习的积极性就会变高。又如在教"高抬腿跑"时，可在跑道上按一定距离放置小体操垫，让学生做高抬腿跑过小体操垫，这样做既可以激发学生的练习兴趣，又可以使学生动作幅度更大、动作更标准，效果更佳，还能培养学生勇敢顽强、勇于超越自己的精神。这些都是行之有效的标志物提醒方法，能激发学生练习的兴趣、有效提示运动技术要点，提高教学质量。

（三）体育课中场地设备教学手段的使用

体育教学使用的场地设备是体育教学各种活动中最基本的硬件设施，也是学校投入较大的项目。有时，因为某些原因，学校的一些场地器材会处于闲置状态。例如，由于安全的因素，教学内容中很少涉及跳高、单双杠技巧等，从而导致这些活动所需的场地器材无人问津。这就是教学手段资源的浪费。体育教师应把这些场地器材运用于教学或锻炼之中，发挥它们应有的价值与作用。体育教师可以安排一些支撑、悬垂、立定跳等以练习身体素质项目为主要目的的内容进行教学，也可以安排一些娱乐性的游戏，如钻过单双杠、跳过沙坑、跑过小障碍场地的障碍练习，还可以利用现有的器材。

学校现成的场地器材有很多，如体育馆的墙壁、楼梯、室外活动设施等。可以好好地利用这些现成的学校场地器材资源。例如，在墙壁上面绘制投掷高度的上下限制线，利用体育馆的墙壁进行投球练习，组织学生进行对抗投掷垒球反弹比远的比赛，组织学生进行垒球、沙包掷准比赛等。还可以利用学校的花台进行跳台阶素质练习；利用学校的楼道练习爬楼梯，锻炼学生的耐力；利用学校的小树林、固定体育设施进行自然地形跑，锻炼学生的心肺功能；利用平梯进行攀爬、穿越等障碍跑游戏，锻炼学生的力量等。这些都是充分利用校内场地设备资源作为良好教学手段的较好设想，也是节约体育活动财物、开发校内资源的重要举措。

五、体育创新教育的教学发展

（一）对体育教学本质特征的探讨

如果我们试图解决体育教学的问题，首先要对体育教学的本质有合理的认识，在此基础上系统分析体育教学的内外影响因素，才有可能寻找出最有效的解决途径和方法。

众所周知，活动性是体育教学的本质特征。我们只有从活动性这一本质特征出发，才可能梳理清楚不同历史时期和发展阶段的体育教学特征。活动性特征决定了体育学科内容的宽泛性、多变性和流动性特征，决定了体育教学的时代性，决定了体育教学必须以一种生命的形式表现，即充满"活力"。体育教学不是外在强加给学生的，而是变成学生内在的精神需求和发展源泉，为学生提供个性自由发展的空间，为学生身体、心理的不断超越服务，为最终实现全面自由的发展服务。我们将这种类型的体育教学称为体育创新性教学。它摒弃传统体育教学中存在的学生被动参与的、观念活动与实践活动相脱离的、不完整的体育活动，以不扭曲活动性这一本质特征为前提，在教学过程中保证学生自主参与，以学生学习兴趣和内在需要为基础，以主动探索、变革、改造为特征，以实现学生主体能力综合发展为目的。这样，学生的体育活动在体育教学中就成为学生真正的主体性实践活动。

（二）体育创新性教学的基本理念

1. 体育创新性教学的学生观

学生观，即人们对学生的基本认识和根本态度，是直接影响教育活动的目的、方式和效果的重要因素。就体育领域近年来发表的有关学生观的成果来看，还存在对学生天性和潜能估计不足的现象，尤其是对学生解放自我、创造自我的天性和创造性潜能估计不足。学生观对于确定体育创新教育目的以及选择教育行为都有直接的导向作用。

学生是发展的人主要体现在以下几点。

第一，学生的身心发展是有规律的，是自然性与社会性的统一。学生的身心发展是一个连续的过程，同时有阶段性特征。对学生身心发展规律性的认识是客观理解学生的基础，在客观上要求教师熟悉不同年龄阶段学生的身心发展特点，并依据学生身心发展的规律和特点开展体育创新教育活动，从而有效地促进学生的身心健康发展。

第二，学生具有巨大的发展和创造潜能。脑科学研究的发展和国内外关于智力与创造力开发的探索，为此提供了大量的事实经验。在体育教育实践中，出现的"成功体育教学"就是基于每个学生都有获得学习成功的潜能的信念，取得了全面提高学生体育素质的良好效果。相信学生的发展与创造潜能，是把学生作为发展的人来认识的重要要求。

第三，学生是处于发展过程中的人。发展是与克服原有不足和解决旧有矛盾相联系的，如果学生没有问题、缺陷以及矛盾，那也就没有了发展的动力和方向。把学生作为一个发展的人来对待，就要理解学生身上的不足，并允许学生犯错误。当然，更重要的是帮助学生解决问题，改正错误，从而不断促进学生的进步和发展。体育教学中运动技能的获得其实就是不断地弥补缺陷和解决问题的过程。只不过，以往有些教师忽略了运动技能培养之外的观念、态度问题，"就技术论技术"，而没有拓展体育教学中学生完整和持续发展的意义。

2. 学生是个体存在的

学生是个体存在的，也就是说学生的存在有其独特性，不管是相对于成年人还是相对于同龄人而言。事实上，学生有自己独特的内心世界、精神生活和内在感受，有着自己的观察方式、思考和解决问题的方式。因此，应把学生视为完整的人，他并不是单纯抽象的学习者，而是有着丰富个性的完整的人。在体育教育活动中，作为完整的人而存在的学生，不仅具备全部的智慧力量和人格力量，而且体验着全部的教学进程。在这个进程中，学生学习并不是单纯的知识接受或技能训练，而是伴随着交往、追求、选择、创造、意志、努力、喜怒哀乐等的综合过程，是学生整个内心世界的全部参与。每个学生的独特性是其个性形成和完善的内在资源，也是教育努力的重要目标。那么就有一个问题不可避免，即学生独特性和教育的统一性如何协调的问题。学校体育发展历史上曾经出现过走向极端的现象，出现过过分强调整齐划一和自由放任的教学实践，但都被人们否定了。珍视学生的个体性存在，真正关注学生主体性的发展，应该是体育工作者对学生的基本态度。

3. 确立的学生主体地位

第一，体育教师要相信学生内在的创造能力，要敢于放手让学生参与教学的设计和评价，改变思想上的保守观念、权威和专制作风。

第二，在体育教学活动中，学生发挥自身主体性的形式多种多样，有学习态度上的，也有学习过程中的接受、探索、训练、创新等具体行为。因为学生在不同的任务中和不同的条件下，主体性表现各有差异，所以体育教师要在教学中保持清醒的头脑，善于分析和辨别学生的主体性表现形式，同时使自己识别学生主体性的能力得到提高。

第三，体育教学要为完善学生的主体性的结构服务。有研究指出，学生的主体结构包括操作系统和动力系统两个部分。操作系统主要由智力因素组成，承担着对客体的感知、概括、记忆、运用等任务；动力系统主要由非智力因素构成，承担着激发和维护学生主体认识活动的任务。学生主体结构的发展和完善，主要是通过教育活动过程来实现的。众所周知，结构决定功能，体育教学只有自觉地发展和完善学生的主体结构，才能不断提高学生的主体地位，使学生的综合能力得到发展。

第四，应进一步探索体育教学中学生的主体活动问题，如活动的类型、各种活动类型的特点和功能、如何有效建构这些主体活动等。

4. 学生是责任和权利统一的主体

现代社会中的学生在教育系统中不仅是法律上的责权主体，还是伦理上的责权主体。我国的教育界在处理学生权利的自由和限制问题上，基本是"权利主义"的态度。也就是说，我们的教育基本上是从有利于课堂教学以及学校管理的有效运作出发。另外，还有一种"保姆主义"现象，即学校或教师对学生承担过多的责任，包括许多不必要的责任。这直接导致学生责任意识的缺乏和学校、教师负担的加重。从另外的角度来讲，太多的责任必然导致教师或学校对学生的过度干预，压抑学生创造性的发展，甚至在不知不觉中发生侵害学生权利的现象。总之，体育教学在实施创新教育的过程中，既要避免"权利主义"，又要避免"保姆主义"，争取寻求一种平衡。一方面注意区分学生个人行为与教育行为的差别，另一方面注意区分不同年龄阶段学生的权利与责任承担问题，使学生在体育教学过程中能够在一种民主化的环境中进行探索和创造。

（三）体育创新性教学的知识观

知识观其实就是人们对知识内涵的认识，它决定了教学内容的选择。体育学科领域很少见到专门探讨体育知识观的问题，大多数只是在教育内容的探讨中稍有涉及，这方面工作的欠缺使我们在探索体育教学内容的取舍时没有基础理论的支撑。周登嵩、赖天德和毛振明在《学校体育教学探索》一书中探讨了我国体育教学内容与教材存在的问题和弊端，期望为解决体育教学内容低级重复等问题提供策略性的建议。周登嵩先生着重从体育文化素养的角度分析体育教学内容的取舍。赖天德先生提出综合考虑教材典型性、基础性、文化性、实用性、可行性5个方面的因素。毛振明先生则强调运动认知的获得，提出可以从学生各种能力发展过程和学生从业以后所需各种能力的关系中寻找解决逻辑性的办法，并提出了体育教学内容可能的"生活技能设计系列""文化分类设计系列""兴趣类型设计系列""身心发展的阶段性规律设计系列"4个方面的设计理论和方法。

上述学者对体育教学内容的选择依据、评估标准等问题的分析都没有涉及体育知识观最基本的知识分类问题。学生的"学"与"知"的关系是一个过程与结果的关系。只有对结果有了系统、科学、具体的认识，才能在过程上下功夫来选择教学内容和进行教学设计。忽略了这一基础性环节，相应的问题解决策略就可能显得抽象而不具体和不具有可操作性。所以，本书对体育知识的内涵和分类的探讨，为下面研究体育创新教育教学的内容选择和教学设计问题打下了基础。

1. 体育知识的内涵

可以从学习的观点来定义体育知识的内涵。体育知识即主体通过与环境相互作用而获得的体育方面的信息。其被贮存在个体内，即为个体的体育知识；其被贮存在个体外，则是人类的体育知识。这种界定强调：①体育知识是后天经验的产物，不包括机体由遗传而来的适应机制；②体育知识获得的过程是主客体相互作用的过程；③体育知识的范围广泛，从获得具体的体育信息、机体的运动认知（主要通过人体本体感受形成的认知，它不能由其他的认知途径来取代，体育学科是以运动认知为主的学科）到结构的根本变化，都属于体育知识的范畴。

"学"与"知"的关系是过程与结果的关系，我们关注体育知识是为了更好地关注学生的体育学习，但是体育学习的结果并不全是"知"。例如，作为体育学习结果的人的情感变化虽与"知"相关，但主要不是"知"的问题。体育知识所涉及的范围要小于体育学习涉及的范围。

2. 体育知识的分类

为了促使学生的体育学习向创新性学习转变，自然要涉及体育知识的分类。二十世纪八十年代以来，许多认知心理学家把学生的知识概括为3类：陈述性知识——相当于言语信息，程序性知识——相当于智慧技能，策略性知识——相当于认知策略。从教学设计的角度考虑，这一分类把知识、技能和智力3个概念统一起来，既包括狭义的知识观，又包括广义的知识观。狭义的知识观指陈述性知识；广义的知识观除了狭义的知识外，还包含人们时常所说的技能（程序性知识）和尚缺乏认识但对人的智慧起决定性作用的策略性知识。因此，对体育知识的分类也可以依此标准，然后针对不同类型的体育知识特点进行体育创新性教学的设计。

六、体育创新性教学的设计

（一）设计步骤

体育创新性教学设计至少包括如下步骤。

（1）规定包含创新精神和创新能力在内的体育教学的预期目标。目标的陈述应尽可能明确、具体，尽可能用可以观察到的和可以测量的行为变化作为教学结果的指标。这就要求我们深入地、努力地总结和归纳体育学科领域学生的创新性行为的特点、规律、表现形式等，为进一步制定相关的测量标准做准备。

（2）确定学生起点状态，包括学生的原有知识、技能和学习动机、状态和创造力水平。

（3）分析学生从起点状态发展到达到教学预期目标状态应掌握的知识技能或形成的态度与行为习惯。

（4）考虑用什么方法和方式呈现教材并提供学习指导。

（5）考虑用什么方法引起学生的反应并提供反馈，如练习设计。

（6）考虑如何对教学结果进行科学测量和评价，尤其注意非智力因素中的创新的态度、情感、意志等方面测评的综合效果。

从以上6个方面来考虑体育创新性教学的设计，需要教师具备多方面的知识和技能。除了体育领域专业知识与技能、创造教育的知识与技能外，体育教师还需要具有当代认知心理学中关于学生的知识分类学方面的知识。因为体育教师利用一般学习心理学原理、体育学习心理学原理以及创造心理学原理进行教学设计，首先必须对其所教的知识类型加以鉴别，也就是说其必须确定所教的是哪类知识、应该教哪些知识，然后才能合理地设计教学过程。

（二）对陈述性体育知识进行的创新性教学设计

1. 陈述性体育知识的解析

陈述性体育知识是指个人具有的有关体育领域是什么的知识。检查陈述性知识的行为标准是看学生能否回答"是什么"的问题。例如，提问学生足球起源于哪个国家，最初的名字叫什么？正规室内篮球比赛有多少上场队员？如果学生能够回答这些问题，便可以做出他们已经获得了陈述性知识的推论。陈述性的知识又分为3种形式。①有关事物的名称或符号的知识，也就是表征学习所获得的知识形式，例如，词汇学习。②简单命题知识或事实知识。例如，学习"中国的国球是乒乓球"这样的单个命题，所获得的知识即事实知识，也就是命题学习所获得的知识形式。③有意义的命题的综合知识，即经过组合的言语信息。例如，陈述中国国家足球队屡次冲击世界杯失利的原因所需要的就是这类知识。现代认知心理学认为，知识必须以一定的形式在人的认知结构中进行表征才能贮存。一般认为陈述性知识主要以命题形式在头脑中表征，命题通过句子来表达，并形成命题网络结构形式贮存在头脑中。陈述性知识还有一种贮存形式是表象。

心理学家佩维奥提出，人的记忆可以采用语义编码，也可以采用形象编码。体育领域中的多数陈述性知识由于可以进行语义与形象的双重编码而比较牢固地保持。当然，体育知识的贮存不是目的，贮存的形式应该便于提取和回忆，而提取的关键在于编码。

2. 设计策略

在根据陈述性的体育知识特征进行创新性教学设计时，首先，应确定教学目标是学生回忆知识的能力。检查这种能力的方法比较简单，要求学生能够以口头或书面形式陈述学到的知识，即可证明他们具备了这种能力。其次，教师应考虑如何帮助学生去掌握这种知识，这是教学设计的重点。这种知识的检查方法比较简单，并不等于说只让学生死记硬背。因为陈述性的知识是符号或词语表达的意义，而不是词句本身。意义的获得必然经过有意义的学习过程，也就是我们平时所说的知识的理解过程。"言语学习理论"和"生成学习理论"都是阐明知识理解的过程和条件的理论，这两个理论都强调知识的理解过程是新知识与认知结构中原有的有关知识建立联系并发生相互作用的过程。要使这一过程顺利进行，教学设计必须考虑学生自身条件，如学生的学习动机、原有知识状况和学习习惯等；还要考虑学生自身以外的条件，如教材呈现方式、直观教具的使用、提问和反馈方式等。

总之，由于陈述性体育知识的贮存和提取的关键是编码，所以其教学设计必须以知识的理解为核心。教师的实践是在教学设计中，让学生对教材中诸多术语和命题进行讨论，并充分利用多种情境假设，使学生明白自己的学习目标。通过教师的教学过程的深入，学生为达到目标而不断努力。

3. 对程序性体育知识进行的创新性教学设计

（1）程序性体育知识的解析。程序性知识是个人具有的"怎么办"的知识。例如，学生能够指出自己或者同伴的技术优势和缺点，以及能够自发地组织体育活动等。学生能够正确和顺利地完成这些事情，就可以做出他们获得了相应的程序性知识或智慧技能的推论。关于程序性知识的类型，按加涅的说法是辨别、概念、规则和高级规则，按 J. R. 安德森的说法是模式识别和动作序列。模式识别就是对事物分类，实际上是概念的应用；动作序列就是根据符号进行一系列运算或操作，也就是规则的应用。可见程序性知识主要涉及概念和规则的应用。

体育创新性教学的一个关键问题就是如何使学生的陈述性体育知识转化为程序性体育知识，同时不压抑学生的创造性发展。但并不是所有的陈述性体育知识都能转化为程序性体育知识，例如，体育中的人名、具体事实的知识等是不可能转化为技能的，能够转化的主要是概念和规则（包括原理、定律、法则等概括化的命题知识）。体育领域高度熟练的技能产生的内在条件主要是各个项目的程序性知识在头脑中形成表征的单个因子构成了网络系统，这个系统是不断地随着充分的练习而演进的，系统的单个因子以控制流形式自动地、系列地发生。运动员的上述系统不断地与环境进行交换，自动激活运动员一系列的动作，运动员的意识控制程度降低。例如，运动员在比赛中的战术行动往往是瞬间的抉择，无法多加思考。

（2）设计策略根据体育领域程序性知识的特点，在进行创新性教学设计时，应确定教学目标是概念和规则的应用能力，例如，球员对一般战术原则的实战应用以及贯彻教练战术安排的实践能力。要检验这种能力，不是看学生能领会多少教师教授的内容，而是看学生在面对各种必须应用所学过的概念与规则的情境时，能否顺利进行思维和实践操作；看学生能否根据自己所学的某种体育项目技术的特点，结合学过的技术分类的原理，来分析自己和同伴的技术动作的缺陷、优点，来陈述技术之间的差别；看学生能否依据学过的裁判法和规则精神合理地执法体育比赛等。只有看到学生顺利地运用规则办事，教师才能认可其掌握了程序性知识。

在教学方法的设计上，应让学生理解概念或规则，这点与陈述性知识的教学设计是相同的。不同的是，程序性知识必须经过充分的训练才能获得。各类体育项目的技能训练就是使运动员获得程序性知识（包括本体的运动认知）。与其他行业一样，体育行业中高超的专业技能都必须经过相当长时期的训练。

总之，程序性体育知识的创新性教学设计必须以实践应用为核心。例如，教学内容是有关的战术概念，练习时应该注意正反例子的运用。教师应及时组织学生分析讨论练习中的正反例子，也可以引导学生与多媒体课件中的模型进行对比。正面的例子有助于概括和迁移，但也可能导致泛化；呈现反面例子有助于辨别，使概念精确。规则也有正反例，应引导学生将新学习的规则广泛应用于新情境之中，做到一见到适当的条件便能立即做出反应，提高其实践应用能力。当然，这种反应可以是内部的，也可以是外显的。对于那些系列较长的程序性知识教学，还要考虑练习时间安排的集中与分散问题、部分与整体的关系等。

4. 对策略性体育知识进行的创新性教学设计

（1）策略性体育知识的解析。策略性的知识也是回答"怎么办"的问题的知识。例如，学生在观察一场比赛时如何控制自己的注意力呢？学生参加长跑比赛时如何分配体力呢？根据实际观察，学生面对这样的问题，在具备陈述性知识的情况下，有些学生显得聪明灵活、敢于创新、随机应变，有些学生则显得笨拙、不能应变。有心理学家认为，学生在学习或认知活动方面的这种差异是由他们的策略性知识决定的。策略性知识也是一种程序性知识，不过，一般程序性知识所处理的对象是客观事物，而策略性知识所处理的对象是个人自身的认知活动。国外有研究表明，策略性知识也需要由陈述性知识转化为程序性知识。如目前体育领域流行的对运动员进行心理调控策略训练，首先向运动员解释心理调控策略（陈述性知识），然后告诉他们在什么时候运用（即运用条件的知识，是陈述性知识），再训练他们知道怎样运用（程序性知识）。研究与实践均表明，经过训练的运动员，心理调控能力明显提高。由此看来，策略性知识也必须经过控制流系统才能贮存。

（2）设计策略。根据策略性知识的特点进行体育创新性教学设计有以下3个重点工作。①在体育课程中加入认知策略训练的内容，包括创造性思维训练。②教师进行教学策略方面的知识学习和技能训练，尤其是"创造性教学策略"。当前的体育教师大多数不知道如何向学生去解释策略。例如，策略活动是一种内在思维活动，怎样使这种活动让学生感知并学习呢？这就需要训练教师善于描述内在思维，帮助学生进行形象性、创造性想象。③尽量通过各种方式和渠道来认识学生的元认知，因为学生的元认知发展制约着策略教学。

由于体育领域缺乏对儿童的认知策略研究的关注，上述3个方面的实践还需要体育教育理论工作者与实际工作者长期共同的努力，不过现阶段体育教师还是能够有所作为的。体育教师在进行教学设计时，要明确地陈述学生在"一般性学习"与"创新性学习"方面的目标。另外，体育教师还需要进行创造性思维策略的教学。由于许多的策略是相互联系、综合运用的，所以高级策略的检验和教学较为困难。不过，在实践过程中可以尽量为学生提供丰富、多样的探索和创造机会，使学生获得探索和经验。

第二节　现代教育技术的发展

现代教育技术在高等教育中的运用越来越广泛，但对于现代教育技术的教学理论及其发展还有待研究。本节将会对现代教育技术的内涵、教学理论以及在体育教学中的运用进行阐述。

一、现代教育技术的内涵

（一）现代教育技术的定义

美国教育传播与技术协会（AECT）在 1994 年对教育技术的新定义为："教育技术是对学习过程和学习资源进行设计、开发、运用、管理和评价的理论与实践。"明确概括了教育技术的研究对象是学习过程和学习资源。综合以上分析，得出教育技术的 3 个基本特性。①教育技术就是应用高科技的方法来分析和解决人类学习问题的过程，其目标是追求教育品质的最优化。②教育技术分为有形技术和无形技术两大类。有形技术是指利用自然科学、工程技术学的成果，把物化形态的技术应用于教育以提高教学效率的技术。无形技术主要指利用教育学、心理学、系统科学、传播学等方面的成果以优化教育过程的技术。③教育技术依靠开发、利用所有学习资源来达到教育目的。学习资源主要分为信息、人员、材料、设备、技巧和环境。这些资源主要来自两个方面，一个方面是专门为了学习的目的而设计出来的资源，另一个方面是现实世界中原有的可被利用的资源。

美国教育传播与技术协会于 1994 年提出教育技术的新定义，引起了一场关于我国教育技术发展与定位的大讨论。我国教育界认为电化教育就是中国的教育技术。电化教育指的是运用现代教育媒体，并与传统教育媒体恰当结合，传递教育信息，以实现教育最优化。但随着教育的发展和对教育技术认识的深入，电化教育一词已不能准确概括教育技术的内涵和外延，不能满足现代教育发展的需要。具体体现在：①电化教育注重媒体论，媒体论的不足在于缺乏系统方法。因为教育是个大系统，不仅包括电化教育中研究的媒体，还包括教师、学生、教学内容等要素。单纯研究媒体的运用，不可能实现教育的最优化。②电化教育中对媒体的定义指第四次教育革命后产生的媒体，列举中未提及第五次信息革命出现的多媒体计算机及网络技术、虚拟现实等数字信息技术。③不便于国际学术交流。对于前两个问题，我国一些专家又提出电化教育的新定义，即电化教育是在现代教育思想、理论的指导下，主要运用现代教育技术进行教育活动，以实现教育过程的最优化。

现代教育技术与教育技术名称的不同在于现代教育技术加上了"现代"二字，其目的是吸收现代科技成果和系统思维方法，使教育技术更具有时代特色，更加科学化、系统化。要弄清它的概念，必须先弄清"现代"的含义。中文关于"现代"的解释是：现在这个时代。英文解释有两种：一是"modern"（译为：①近代的，现代的；②现代风格的，新式的，现行的，时髦的），二是"contemporary"（译为：①发生，存在，生存或产生于同一时期；②同一瞬间发生的；③自始至终同时存在的，源出同一时代的；④当代的或仿佛当代的，现时的）。可见，对"现代"这个词的理解不同，导致对现代教育技术的理解也不同，归纳起来主要有两种：一种是指现在新出现的教育技术，与之对应的是传统教育技术，这种理解强调对传统的革新；另一种指现在正在使用的教育技术，它包括传统教育技术和新出现的教育技术。

我国专家对此做出了如下解释。

解释1。现代教育技术是把现代教育理论应用于教育、教学实践的现代教育手段和方法的体系，包括以下几个方面：①教育教学中应用的现代技术手段，即现代教育媒体；②运用现代教育媒体进行教育、教学活动的方法，即传媒教学法；③优化教育、教学过程的系统方法，即教学设计。

解释2。教育技术涉及范围比较广泛，几乎包括教育系统的所有方面。现代教育技术仅涉及教育技术中与现代教育媒体、现代教育理论以及现代科学方法论（信息论、系统论、控制论）等有关的内容。

解释3。与一般意义上的教育技术学相比较，现代教育技术学更注重探讨那些与现代化的科学技术有关联的课题。具体表现在它所关注的学习资源是最近一二十年问世的信息传递、处理手段和认识工具，如手机、电视、电脑系统及其教学软件，而这些系统的开发和利用又是与信息论、控制论、系统论这些现代化的科学方法的指导分不开的。

解释4。所谓现代教育技术，是指在现代教育实践中形成的，由现代教育媒体、方法和教学设计等基本要素构成的综合体。开展现代教育技术工作就是在现代教育思想、理论指导下，应用现代教育媒体、方法和教学设计，开发教育信息资源，优化教育过程，增进教与学的效果。

解释5。所谓现代教育技术，就是运用现代教育理论和现代信息技术，通过对教与学过程和教学资源的设计、开发、利用、评价和管理，以实现教学优化的理论和实践。

对现代教育技术的5个解释，尽管表述不同，但它们都强调利用现代教育技术来实现教育教学的优化。解释1、解释2对现代教育媒体的理解基于电化教育概念中的解释，即现代教育媒体指电子技术媒体，可见它们是从狭义角度解释"现代"的。解释 3、解释 4 明确提出，现代教育技术关注的是近几十年新出现的技术。解释 5 是作为现代教育技术的定义提出的，但 1998 年李克东教授在给华南师范大学电教系研究生作的关于教育技术基础理论研究专题讲座中指出，应用于教育的现代信息技术包括：①模拟音像技术；②数字音像技术；③卫星广播电视技术；④计算机多媒体技术；⑤人工智能技术；⑥互联网通信技术；⑦虚拟现实仿真技术。可见，解释 5 仍然把重点放在新技术的应用方面。

现代教育技术把先进的教学手段带进了课堂，为教师和学生提供了巨大的便利。多媒体、计算机网络等技术的使用改变了以往教师独唱主角的教学模式。学生通过自身的视觉、听觉、触觉等更为直观的方式进行学习，更加有利于对抽象化教学内容的理解。通过运用现代教育技术，学生可以节省抄笔记、模拟情境等时间。从一定意义上讲，现代教育技术的引进提高了课堂的教学效率。然而从另一方面来看，先进的教学手段如果利用得不够合理，就会让教师成了幻灯片放映员，让学生成了图片观赏者。过度地使用多媒体课件很可能会分散学生的注意力，使学生忽略那些隐藏在视听享受中的知识点。不仅如此，先进的技术还可能使教师和学生产生一种惰性，过分地依赖现代教育技术手段，造成现代教育技术的不合理运用。因此，单单地把现代教育技术看作是一种技术手段而忽略它的教学理念，必然会使应用过程产生偏差。现代教育技术是一门理论与实践相结合的科学，是集优良传统经验与现代科技于一身的科学。只有把先进的教育技术与科学的教学理念相结合，把传统教学的优势与现代教育技术相结合，才能产生一种全新的教学模式，从根本上助力我国高等教育高质量发展。

（二）教育技术概念的区别与联系

1. 现代教育技术与电化教育

电化教育最有代表性的意义是：根据教育理论运用现代教育媒体，与传统教学媒体相结合，有目的地传递教育信息，充分发挥多重感官功能以实现最优化的教育活动。从中可得出这样的定义，电化教育实质上是一种以视听设备为主的媒体技术，主要是研究在教学过程中如何使用先进的多媒体技术，以达到最优化的教学目的。

从定义的角度而言，电化教育与现代教育技术在概念的范围、研究的层次、探讨的深度和广度方面都有一定的差别。总而言之，教育技术是指解决教学问题过程中所运用的教学理念、媒体技术、教学手段等。因此，不能单纯地把电化教育看成是教育技术之外的学科，也不能说电化教育就是教育技术，应该说电化教育是教育技术之中的一部分内容。从目前研究的范围和深度来看，现代教育技术一词更符合目前国际研究和交流的实际情况。

2. 教育技术与教学技术

从字面意思看出，教育技术比教学技术的范围更广，教学只是教育其中的一项内容。教学技术是教育技术的下属概念，是教育技术在教学过程中应用的术语。准确地讲，教学技术是教育技术在教学过程中所运用的教学手段，如语音设备、多媒体技术、计算机网络技术，以及与课程相关的内容和课件的收集、开发制作技术等。

教育技术的应用范围很广，它包括宏观和微观两个层次。宏观层次是指教育与外部环境的关系，如教育与需求的协调问题，外部环境对教育是何种要求，目前的教育程度与要求的差距在哪里，教育要平衡发展所需要的资源如何实现合理配置等。这是一个很大的方面，关系到国民经济的情况以及国情。微观层次指的是在优化教学成果、提高教学效率、深化教育改革、发展素质教育等方面要用到的教学资源、模式、手段，合理应用这些手段的观念，以及如何对这些资源进行配置、管理和评价等。

二、现代教育技术在高等教育中应用的理论基础

(一) 系统理论

系统理论是指系统论、信息论、控制论，它们既相互区别，又相互渗透、相互联系，统称为"旧三论"，从中提炼出来的系统科学的基本原理对教学技能的训练和应用有着方法性的指导作用。

1. 系统论

系统论是研究系统的模式、原则和规律，并对其功能进行数据描述的一门科学。系统是由相互联系、相互作用的一些要素结合而成的，具有一定特殊功能的有机整体。系统可以同外界进行物质与能量的交换，以保持一种有序、平衡的状态。系统方法是按照事物本身的系统性把对象放在系统的形式中加以考察的方法，它侧重于系统的整体性分析，从组成系统的各要素之间的关系和相互作用中去发现系统的规律，从而指明解决复杂系统问题的一般步骤、程序和方法。系统论的创始人是奥地利理论哲学家和生物学家贝塔朗菲，他于1947年发表的《一般系统论》标志着系统论的产生，他认为系统是相互作用的若干元素的复合体。其中最重要的要素便是"组织联系"，这种联系一方面是各个部分的信息渠道，另一方面是它们动态作用的结果。系统论中的系统是指一个要研究和处理的对象，对象不同，系统所涵盖的范围也不一样。大到地球、国家，小到机器、分子，这都可以看成是一个系统。系统按性质划分大致有5类，包括自然系统、社会系统、思想系统、人工系统和复合系统，教育技术就

属于一种人工系统。系统是普遍存在的，我们认识系统就是为了更好地认识、改造自然和社会，解决实际存在的一些问题。"系统工程"就是指利用系统理论的基本原理创立起来的重要工程技术门类。一方面它重视系统的发展变化和系统内部各子系统的相互关系，并注重系统整体的功能；另一方面它注重系统数量的精确度，进行定量研究和定量管理。系统论具有整体性、全面性、结构层次性、相关性、动态平衡性、综合与分析统一的特点，它能反映现代科学整体化和综合化的发展趋势，是控制论、信息论的重要理论基础，也是解决现代社会中政治、经济、科学和教育等各类复杂问题的方法论基础。

2. 信息论

信息论是研究信息的本质，并用数学方法研究信息的计量、传递、变换和存储的一门学科。信息是人们在适应外部环境时与外界相互影响、相互作用的内容的总称。也就是说，信息是事物存在的方式和运动的状态，以及对这种方式或状态的直接或间接的表述。信息并不是事物本身，而是事物的表象，是事物存在过程中发出的消息、情报、指令等包含的内容。信息具有可识别、可转换、可再生、可储存、可复制、可处理、可传递等方面的特征。信息论的诞生和发展是社会的需要，雷达的发明、电子管的使用、计算机和通信技术的飞速发展是信息论的催化剂。

3. 控制论

自从 1948 年诺伯特·维纳所著《控制论：关于在动物或机器中控制或通信的科学》出版以来，控制论的思想和方法已经渗透到几乎所有的自然科学和社会科学领域。维纳把控制论看作是一门研究机器、生命社会中控制和通信的一般规律的科学，更具体地说，控制论是研究动态系统在变的环境条件下如何保持平衡状态或稳定状态的科学。控制的定义是：为了改善某个或某些受控对象的功能或发展，需要获得并使用信息，以这种信息为基础的对该对象的作用。由此可见，控制的基础是信息，一切信息的传递都是为了控制，进而任何控制又都依赖信息反馈来实现。信息反馈是控制论的一个极其重要的概念。换言之，信息反馈就是指由控制系统把信息输送出去，又把其作用结果返送回来，并对信息的再输出发生影响，起到控制的作用，以达到预定的目的。

系统论、信息论、控制论从总体上深刻地揭示了事物运动的特性和规律，不仅适应了现代科学技术发展的客观要求，而且对科技的进步、社会的发展产生了巨大的推动力，对人类进一步认识和改造世界有着深远的影响。系统科学的理论和方法对教育技术学的形成有重要的影响。系统科学已经被广泛应用于教育各个领域、各个学科，逐渐出现了以信息论为基础的"教育传播学"、以控制论为基础的"教育控制学"、以系统论为基础的"教育系统学","旧三论"在教育技术上的综合应用已经发展为目前的"教育技术学"。以系统科学为指导，从总体上把握高等教育和教育技术的发展规律，研究教育信息传播的规律，研究为实现教育目的而对教育内容和技术系统控制的规律，最终都是为了实现教育的最优化和现代化。

（二）教学理论

教学理论是研究如何组织教学过程中的各种要素，使教学达到最优化的理论。教学过程是指教师教学与学生学习的过程，学习有学习理论，教学当然也离不开教学理论，教学理论是一门研究教学客观规律的科学。从十七世纪三十年代夸美纽斯发表的《大教学论》，到二十世纪三十年代斯金纳的程序教学理论，布鲁姆的教育目标分类理论、"掌握学习"理论和形成性评价理论，加涅的信息加工理论，再到二十世纪后半叶奥苏贝尔的先行组织者理论，这一系列理论都对教育技术产生了重要的影响。在教育全面现代化的环境下，教学技能的发展研究是教学理论的重要组成部分，而与建构主义学习理论密切相关的现代主义课程观，对广泛利用现代教育技术组织教学具有重大意义。现代教育技术要求形成与之相适应的教学形式，这种形式要从以"教师为主体"的教学向"以学生为主体"的教学转变。在课堂上，教师要引导学生利用先进技术手段，发挥主观学习意识，结合自身的思考独立地解决问题。

（三）学习理论

学习理论是探究人类学习本质及其形成机制的心理学理论。它的重点在于研究学习的性质、过程、动机、方法和策略。学习理论主要包括行为主义学习理论和认知主义学习理论等。

行为主义学习理论主张研究人类的外显反应。早期的行为主义心理学认为，学习是在刺激情景（S）与有机体的反应（R）之间建立联结的过程。学习的结果表现为特定刺激与特定反应之间联结（表述为 S-R）的建立。这种观点支持了视听教学中用媒体不断呈现信息来进行教学的模式发展。认知主义学习理论认为，学习是有机体积极主动地形成新的完整的认知结构的过程，是复杂的内部心理加工的过程。学习的结果是形成反映事物整体联系与关系的认知结构，目的性、过去的经验、背景知识和智力水平等对学习的影响非常重要。

以信息加工理论为主的认知心理学在二十世纪五十年代后期占据了心理学主流地位，对教学理论与技术有很大的影响，使媒体教学应用从强调设置重复的信息呈现发展到通过精心设计学习工具，来影响学生内部的信息加工过程。认知心理学的问题主要是，它的分析单元是个体脑内部的心理活动。然而在二十世纪八十年代以后，传统认知科学的两个目标受到质疑：其一，试图将复杂行为还原为一连串的简单行为；其二，在说明信息加工的神经机制时，试图将人类思维还原为神经生理学。这使它容易忽视学习发生的社会因素与活动情境影响，忽略学习过程中对个人来说非常重要的主观差异。建构主义产生的心理学基础是认识主义心理学内部的反思，当代建构主义者则融合了皮亚杰自我建构和维果斯基社会建构的观念，并有机地运用到学习理论中来，在此基础上提出了"意义建构"，主要观点如下：①学习是学习者主动地利用感觉吸收并建构意义的活动过程，是学习者同外部世界相互作用的过程；②学习是一种社会性活动，学习者同他人的交流起着非常重要的作用，人际的会话与协调是产生学习结果的重要因素；③学习是在一定情景中发生的，不是离开实际生活的在头脑中抽象的、虚无的、孤立的事实和理论；④学习的发生要借助先前的知识，在一定的资源和工具支持下进行。

（四）视听教育理论

在二十世纪三四十年代，视听手段相继引入教学领域，人们从视觉教育和听觉教育的研究逐步转向众多视听媒体的综合应用研究。其中比较著名的是戴尔在二十世纪四十年代所概括的"经验之塔"理论。戴尔的"经验之塔"理论把人类的学习经验分为直接经验、替代经验和抽象经验3类，并按抽象程度分为10个层次。它对现代教育技术的指导作用可以概括为以下几点。

（1）"经验之塔"最底层的经验是最直接最具体的经验，越往上层，则越趋于抽象。但并不是说获得任何经验都必须经过从下到上的阶梯，也不是说下一层经验比上一层经验更有用。不同的层次说明各种经验的具体与抽象的程度。

（2）教育应从具体经验入手，逐步过渡到抽象。有效的学习方法应是首先给予学生丰富的具体经验。只让学生强制性地记忆概念和法则，而没有具体的经验作为后盾，教育的目的是不会达到的。

（3）教育不能停滞在获取具体经验的阶段，而必须向抽象化阶段过渡，把具体经验普遍化，并且上升到概念。只有清晰了概念，才可以指导实践。

（4）在教育教学中，应该尽量为学生提供各种教育手段，以便使知识更加具体化、直观化，从而提供更深刻的直接经验来获取更好的抽象经验。

（5）位于"经验之塔"中层的视听教具比语言、抽象符号更能为学生提供较为具体、易于理解的经验。它打破了时空的限制，能弥补学生直接经验的不足。

戴尔的"经验之塔"理论对视听教育的发展起着重要的推动作用。视听教育理论阐明了视听教育的规律，以及各种视听教育媒体在学习中的地位和作用，对我们如何开发和利用教育媒体具有重要的指导意义。

现代教育技术应用的理论基础是重点内容，有了准确完善的理论做指导才能使研究应用过程事半功倍。因此，要对应用的理论基础有准确深刻的认识，使其在高等教育中发挥出更大的作用。

三、研究性体育课程的多媒体教学技术

现代信息技术的发展加快了教育技术的发展步伐，多媒体和高速智能化网络的综合应用将成为各个学科教学的发展方向。研究性体育课程寻求多媒体教学技术支持将是未来的发展目标。根据认知工具理论，借助外部的认知工具使学习者的思维活动外化，有利于高级思维的教学监控；同时合理设计和使用的外部认识工具能激活认知和元认知策略，从而促进反省思维。显然，新兴的多媒体教学技术提供的专业数据库软件、数据分析处理软件等可成为理想的认知工具。研究性体育课程的信息发展以多媒体教学技术的综合应用为主要特征，而综合应用的前提是以现代教育技术理论与实践为指导进行课程和教学设计。

（一）研究性体育课程的多媒体教学技术的特征

研究性体育课程的多媒体教学技术以建构主义的认知工具理论为基础，具有以下关键特征。

1. 要求学生承担研究任务，并从自己参与的研究中学习

所谓的"自己参与"，是相对于传统教学中学生旁观者的角色而言的。例如，学生研究体育领域中的科学问题与学生阅读这些问题的材料、听有关的讲座、完成操练作业是不同的，但是这并不等同于学生必须动手操作。因为体育学科的活动性和实践性特征对学生的科学研究活动会产生诸多限制，如与高水平运动训练紧密相关的运动人体科学、运动心理学等科学研究活动是学生难以企及的。另外，科学研究还意味着用事实来支持观点、信念，传统的经验主义立场认为事实是自我表达的内容，这就很容易造成一种错觉，即科学研究仅是通过观察、实验或其他途径积累信息。多媒体教学手段主张用事实支持思想而绝非用事实来代替思想，学生开始提出创新观点和思路，再围绕思路开始搜集、整理信息，信息的针对性、连贯性和对信息的认识深度同样是学生创新素质和认知水平的体现。

2. 合理使用多媒体教学技术

体育科研是一种具有很强针对性和连贯性的整体探究活动，保证这一过程整体性的就是连续思考。通过演绎或推理对连续关系的揭示和强调，也就是杜威反复强调的反省思维。在学生进行体育科学探究的过程中引入多媒体教学技术，以不打断连贯的研究活动尤其是思想过程为前提。多媒体技术是体育科学

探究的推进器而不是干扰器，学生根据自己思路对问题连续关系的探究行为不应该因某种技术的引入而中断或转移。多媒体教学技术在该教学手段中的作用在于帮助学生研究的问题更明晰、使学生的探究行为更易于发生、促进高级思维活动。作为认知工具，学生借助它可以更灵巧、有效地工作。同时，工具在熟练者手中会更有效，因此学生不仅需要了解并掌握工具，更需要熟练运用工具。总之，多媒体教学技术不能削弱或危及研究性体育课程的探究特质。

（二）研究性体育课程中多媒体教学技术的实施策略

从目前研究和教学实践来看，在研究性体育课程中实施多媒体教学没有现成的参考示例。但是本研究具有前瞻性，探讨在研究性体育课程中实施多媒体教学需要注意的实施策略。

1. 选定合适的研究主题

进行多媒体教学涉及各种媒体信息的采集和处理工具的支持研究，这种教学手段本身虽然与内容无关，但是研究主题的选定必须满足一定的条件才能真正具有教育意义。所以，教师应选定的研究主题必须是基于探究的、能自然整合各种研究工具的主题，而且还要满足以下条件：满足学生发展的需要和兴趣，即对于学生而言是有意义的；应足够宽泛以便学生能形成具体的个人（小组）研究方向；应反映社会问题和科学逻辑，使学生能从体育课程与研究主题相关的体验中学习。符合这些条件的研究主题一般是从体育课程的核心内容和目标中衍生的、与学生密切相关的、具有一定挑战性且需要长时间集中精力工作的跨学科任务。

2. 保证研究的科学性

研究的科学性不仅反映在采用的方法上，反映在从事研究的科学态度里，还反映在研究的最后"产品"——研究报告中。这要求教师在学生研究方向确定后为学生所提供的一系列的研究指导中把握好一个"度"——帮助学生采用类似专业人员的研究方法而决不越俎代庖、粗暴地干预学生自主探索的研究进程，不片面追求所谓"唯一正确"的结果而抹杀"求真"的科学精神。对一些以运动人体科学之类的体育科学与自然科学的交叉科学为主题的"硬科学"研究项目等来说尤为如此。"硬科学"一般存在一个可预测的结论，教师不应将之强加给学生。相反，当预期结果不能出现时，应引导学生反思以揭示某些看似微不足道的因素对最终结论的影响。对于一些以体育社会学为主题的"软科学"的项目来说，教师应确保学生研究的自由度，重点关注学生研究的方法、途径、策略、观点的创新度。研究报告的科学性体现在：数据的可视化演示、对科技文献要点的关注、对不同发表形式（报告、口头演说、论文、电子发布）间差异的关注、完整的研究文档。

3. 合理确定教师的作用和任务

教师在教学过程中必须始终进行密切的教学监督，例如，和学生就研究的问题、困难、解决办法、现有发现等进行讨论，使研究框架、要寻找的资源和术语明晰，帮助学生建立适当的研究策略模型。随着研究的推进，还应鼓励学生采用通用的应用软件如数据采集软件、数据库软件、文字处理软件、图形处理软件、编程软件等，处理数据收集、数据分析、数据解释之间的关系，形成关于个人项目的一些观点，并最终撰写和提交研究报告。此外，研究的科学性并不是一个绝对的概念，可考虑学生在年龄、研究能力等方面的递增而逐渐降低项目中趣味性、竞争性等激励动机因素，逐渐向更严肃、更科学、更合乎专业人员工作方式的方向转变，从而逐步提升教学方案的科学性。

向学生提供使用各种多媒体信息工具的指导。例如，信息搜集工具（光盘、在线专业数据库、搜索引擎等）的使用方法、计算机建模方法、数据处理方法（如最优化的编程方法）、智能模拟等。这种技术上的支持和指导是多媒体教学手段的基本组成部分，随着研究的展开学生必须借助相应的工具。教师既可以采用集体讲授、班级练习的方法向全班引入某种新技术，也可以在学生需要的时候进行个别辅导。

4. 学生心理能量的激发和维持

体育活动的趣味性特征和体育科学研究活动均能促进学生的内在动机，但在研究过程中保持动机和兴趣，对于学生来说尚有困难。应在实践中实行以下策略来激发和维持学生的心理能量。

（1）定期举办论文研讨会、成果展览会。

（2）为学生提供成果发表的机会和支持，在物质上和精神上同时激励学生。

（3）为学生的科研成果向实践转化提供帮助，鼓励学生进行深入的实践研究。如举办科技发明讲座，设立体育创新特别奖和科研转化基金等。也可以进一步通过舆论宣传向学生提出明确的挑战，使学生富有责任感，使学生在完成开放性研究项目过程中不至于失去方向而一无所获。成功既是最好的报偿和奖励，也是最好的导师。

（三）面临的主要问题

1. 研究性体育课程无法在体育教学中大规模展开

研究性体育课程不可能囊括全部体育文化成果。因此，如何处理好核心课程与体育研究性课程内容的关系，以及核心课程上如何将多媒体教学手段与传统教学手段有机结合等，是必须解决的问题。

2. 教师继续教育的问题

这种教学手段必然面临教师控制力减弱的困难，而这一问题在传统的结构化体育教学中是不存在的。研究主题多与学生密切相关，研究进程难以估计，教师不仅要提供技术上的支持，还要帮助学生克服随时可能遇到的困难，因而对教师的要求更高。这就要求必须科学、合理地安排教师的继续教育，使教师的信息素养等专业素养得到持续提高。

3. 具体的具有可操作性的设计方法和实践经验欠缺

如何巧妙地设计课程，使之既具有智力上的挑战性、不超过学生能力发展范围，又能渐次引入多媒体教学技术；如何保证各研究项目按一定的序列前后承接、具有发展性等。这些课程教学设计中的具体问题都有待解决。

第三节　现代化教学手段在高校体育创新教学中的实践

将现代化技术运用到课堂教学中是正在尝试进行的一种教学手段，但体育教学与其他学科的教学有着明显的不同，体育教学更加侧重实践教学。在现代信息技术的发展下，体育老师也开始运用多媒体技术进行体育教学。本节将介绍我国现代化技术在高校中的应用以及在体育教学中的应用。

一、国内现代教育技术在高等教育中的应用方法

（一）多媒体课件的开发和使用

教学的多媒体课件是基于计算机技术，并与软件开发技术相结合，根据教学目标的要求，包含大量多媒体信息和教学内容的生动形象的教学系统。目前，我国高等院校的多媒体教室普及率已经达到了100%，应用多媒体的课程也达到了80%以上。尽管我国在课件开发方面与发达国家相比起步较晚，但目前的发展速度还是很快的。该项目的发展主要是基于国家和学校的重视和计算机知识的进一步普及，多媒体课件是高等教育目前主要应用的现代教育技术。

1. 运用多媒体课件的优点

（1）信息量大、速度快、课堂效率提高。多媒体教学系统能够及时提供教学信息，为教学提供充足的内容；能够在互动中及时测定、评价学生的学习情况，提供及时的反馈和强化。教师在课堂上节省了大量用于板书和描述情境的时间，学生节省了对抽象概念构造和联想的时间，大幅度地提高了教学效率，

在有限的课堂时间可以尽可能多地讲授知识。

（2）使教学内容与形式多样化。现代教育技术的使用实现了教学形式的多样化。教师不仅可以在课堂上使用计算机网络、多媒体技术、广播电视等讲授教学知识，还可以通过网络等与学生和其他同行之间进行多种形式的交流和互动，及时地解答学生提出的问题；学生也可根据学习需要上网搜索信息、观看网络教学音像视频，使学习突破课堂时间和授课地点的局限。

（3）有利于实现个别化教育。高等教育培养的是多样化的人才，由于所学专业的不同和自身水平的差距，高等教育的教学方式不同于初级教育的群体式的教学方式。为了更好地发挥学生的特长，高等教育实现了专业的一个人的个别化教育。

当然由于我国高等教育师生比例的失调，一对一的个别化教育难以实现。通过现代教育技术中的计算机网络技术，学生可以在网上学习更多自己感兴趣的知识，并针对学习中的问题及时与教师进行交流互动，丰富所见所闻，不断将自己的知识面在横向与纵向上延伸，成长为时代所需要的复合型人才。

（4）有利于开展研究性学习。高等教育积极倡导提高学生的研究学习能力和独立创新能力，我国目前正处在改革与发展的关键时期，具有创新科研能力的人才是促进科技发展的关键。高等教育担任着培养最高水平科研人员的重任，因此在现代化建设方面必须走在时代前沿。计算机网络、多媒体技术的应用使学生能更方便地掌握当前的研究信息，为学生提供了更多独立操作的机会，有助于提高学生独立发现问题、分析问题和解决问题的能力，为学生进行探索性、研究性学习提供了良好的条件。

2. 网上多媒体教材的发展与教学应用

随着计算机处理信息能力的不断提高，人们对计算机产生了更多的依赖，对计算机网络以及网络间的数据传输能力提出了更高的要求。网络的发展势必对传统的教育形式提出严峻的挑战。终身教育和自娱教育将成为教育、教学概念的主体。同时计算机技术及其相关技术的发展，尤其是多媒体技术、网络通信技术的巨大发展，为多媒体网络教育提供了有力的物质保障。南国农教授指出："远程教育是现代教育传播技术和学习理论、教育理论、传播理论相互综合发展，应社会需求而产生的一种新型的教育模式。"在这种教育模式中，教师与学生之间的物质实体相互分离，以学生为中心，运用现代传播媒体技术来传递和反馈教育信息，以追求最大的教学效益。网上多媒体教材具有多媒体化、资源全球化、学习自主化、不受时空限制等特点。同时除了考虑多媒体教材的基本性能和结构外，更强调软件的横向联系，注意内容选择上的共性，使之真正实现教育资源的网络化。

（二）网络应用和网络教学

随着科技的发展，网络在教育上的应用已成为现代教育技术在教育上应用的重要方面。根据当前形势的发展，网络教育的使用是高等教育发展的必然趋势，因为越来越多的大学生通过网络的方式接受信息。所谓网络教育，即在网络环境下，以现代教育思想和学习理论为指导，充分发挥网络的各种教育功能和丰富的网络教育资源优势，向受教育者和学习者提供一种网络教和学的环境，传递数字化内容，开展以学习者为中心的非面授教育活动。

网络教育是远程教育的现代化表现，远程教育是一种非同时同地进行教育的形式。迄今为止，远程教育经历了 3 代历程：传统的远程教育、广播电视远程教育和网络教育。传统的远程教育首指函授、刊授教育。最早的函授教育起源于 1840 年的英国，当时英国速记法发明人伊萨克·皮特曼通过邮寄方式教速记，教育界一般认为这便是世界函授教育的开端。广播电视远程教育起步于二十一世纪六十年代。近年来网络教育发展迅猛。网络教育是伴随着计算机网络的产生而出现的教学形式，目前高校已建成了以光纤为主干的校园网，并接入互联网，为学校提高教育技术应用水平提供了良好的基础条件。教师可以根据自身的需要便利地检索各种信息，掌握先进技术。学生也可以通过互联网进行网上学习、网上选课、网上测评等，并通过互联网及时地了解学校的最新动态。

目前，校园网资源多数用于信息的搜索和交流层面，学生没有形成统一协调的网络应用。个别学校也在网络上进行教案管理、教务管理、选课、排课等，但多数还是用于信息的交流和沟通。网络教学只是个别行为，并未形成完善的网上教学系统。

（三）计算机辅助测验

在传统的教学中，教师为了准备一个测验，要考虑到学生的实际学习情况，要考虑到测试的范围和试题的难度是否能达到评价学生程度的要求，要考虑到测试的时间长度如何才最符合要求，要考虑到题型的构成是否科学。基于这些考虑，教师开始从被选择的测验题目中，选择单独问题或成组的问题。一般情况下，构成一个测验对教师来说是一种手工处理方式。对于每一个新的测验，不同类型的教师都要从头开始重复整个过程。为了减少准备过程，教师们年复一年地保存测验题目。如今，使用计算机辅助测验，测验的构成与传统测验的构成是一样的，但整个过程得到相当大的简化和改进。计算机能够按要求随机构成试卷，无论是题型的搭配、分值的分配，还是时间的确定，都是十分精确的。

当测验发送过程作为一个独立的系统时，必须包括测验构成和题库，只是题库中的题目可少些。这种独立系统适用于课程的单元测验。如果有足够多的计算机终端系统可以使用，则可以通过终端对学生进行测验，这样做存在以下优点。①计算机具有强大的数据系统，可以把大量的试题存储在极小的空间中，节省了传统的试题保存空间。而且可以根据要求迅速搜索想要的试题信息，节省了人力和物力。②因为计算机系统能支持在线测验，学生可直接上机答题。这样既减少了打印试卷的费用，又节省了教师发卷、收卷的时间。③通过计算机辅助测验可以更快速地给出标准答案，判卷快速又准确，节省了大量的教师判卷时间。

目前已经有很多大型的水平类考试使用计算机辅助测验系统。例如，计算机等级考试、普通话考试等都趋向于使用计算机测验系统。日常进行计算机测验练习可以有效地避免考试的紧张感。

但是，目前的计算机辅助测验也有很多缺陷，如在主观题上的判断存在一定的不公平，考试中计算出现故障容易影响考试的公平，不能根据学生答题的情况判断学生掌握知识的程度等。目前，不断发展的计算机辅助测验系统正在逐步地解决这些问题。

(四) 试题库应用

各高校目前比较重视试题库建设，普遍建立了课程试题库。海量的试题信息存储为教师和学生的使用提供了便利条件，但也存在一些不足，主要体现在以下方面。①各学校之间的发展情况不均衡。有的学校对包括基础课和专业课在内的全部课程都建立了试题库，也有的学校仅有少数课程建立了试题库，总体的情况是应用程度良莠不齐。②形式内容比较单一，大多数试题库都是收集以往的题目，以组卷的形式出题。学生在长期的使用过程中可能会逐步摸索规律，导致无法达到测试的目的。③题目更新不迅速，试题类型比较陈旧，不能紧跟教学重点的转移而更新。

(五) 网络信息资源的应用

目前，关于信息资源的含义存在不同的解释，但归纳起来主要有两种。一种是狭义的理解，认为信息资源是指文献资源、数据资源或各种信息的集合，主要包括文字、声像、电子信息、数据库等，这都是限于信息本身的特点；另一种是广义的理解，认为信息资源是信息活动中各种要素的总称，它既包含了信息本身，也包含了信息相关的人员、设备、技术和资金等各种资源。在高等教育中目前运用较多的是狭义的理解。当今科技发展的速度一日千里，出于学习和研究的需要，教师应尽可能多地了解专业发展的情况。信息就是当今世界最宝贵的财富，谁掌握了信息谁就获得了发展的先机。高等学校早已意识到了这一点，为了方便教师和学生对信息资源的使用，多数高校出资建立了数字化图书馆、网络资源平台、交流平台等。不仅如此，今天研究的学术问题越来越多地需要探讨和交流，除了要加强各个学校之间的联系外，有些时候还要进行国际合作，发达的计算机网络为这样的互动提供了方便。随着学生对信息量的要求越来越大，一个更广泛、更便利的交流平台必将被建立起来。

二、现代化教学手段在体育教学中的优势与发展

21世纪是一个高度国际化、科学化、多元化的知识经济时代，如何满足时代要求，培养具有创新精神和实践能力的创新型人才已成为社会各界瞩目的一个课题。随着教育现代化脚步的加快，计算机技术已走进校门，进入体育课堂。计算机集文字、图形、图像、视频等多媒体于一身，是一种全新的教学手段。把多媒体教学引入体育课堂，可以将教学过程与娱乐融为一体，通过直观、形象、生动的感官刺激，给学生一种身临其境的感觉，达到培养学生获得知识信息能力、创造性思维能力及创新实施能力的目的，从而完善学校体育创新教育。

（一）现代化教学手段对传统体育教学模式的冲击

随着现代科学技术的发展，传统的体育课堂教学模式不可避免地受到冲击，并必然会被现代的教学技术所取代。采用现代化的教学手段能使教学内容由平面到立体、由静态到运动、由文字到声音图像，将极大地增加课堂教学的主动性和趣味性，极大地调动学生的学习热情。计算机和多媒体教学的运用，又可以使体育课堂教学发生深刻的变化。它可以培养学生主动获取知识、运用知识和处理知识的能力，它可以创造超时空的课堂，它给课堂教学带来的将是教学领域突破性的变革。

1. 传统体育教学手段的不足

从多年的教学实践来看，传统的体育教学手段有3个不利因素影响体育教学。

第一，教师的年龄、特长和喜好影响教学内容的选择。每名体育教师在具体安排教学时，容易把自己喜欢的、擅长的内容安排得较多，而对自己不喜欢、不擅长的内容安排得很少或完全不安排。长此以往可能使学生学习兴趣不断下降，没有兴趣和创造性想象，也就没有探索与创新，势必影响学生创新精神的发展。这种现象在传统体育教学模式中是普遍存在的。

第二，动作技术难示范影响教学进程。在体育教材中有很多腾空、高速、翻转的技术动作，示范难度大，很难让学生建立一个完整的动作表象，这也是传统体育教学模式中的一个难题。

第三，传统的教学手段不利于学生的身心健康发展。传统的体育课教学模式单一，程序化多、灵活性差、机械呆板、枯燥无味，容易造成学生学习情绪低落，制约了体育课对学生心理健康的疏导作用，不利于学生心理健康发展。

2. 现代化体育教学手段的优势

在体育教学中合理地运用现代化教育技术，对于优化教学情境、激发学生的学习兴趣、调动学生学习的积极性，以及突出教学重点、突破教学难点有事半功倍之效。在体育教学中，多媒体教学手段犹如一座架设在学生和体育知识技能之间的不可替代的桥梁，具有举足轻重的作用。

第一，运用多媒体能有效地激发和调动学生的学习兴趣。多媒体可将一些枯燥的教学内容和一般传统教学所不能达到的艺术效果进行有机结合、创作，使原本单调、平淡的课堂教学变得十分新奇、巧妙和生动，从而激发学生的创新意识和调动学生学习体育的浓厚兴趣。

第二，运用多媒体能有效地影响学生多方面的智力因素。在制作多媒体课件时，恰当引入一些动画、录像，以启发学生由眼前的景象联系生活实际想象可能发生的变化，从而加深对眼前景象的认识，培养学生的创造性思维。

第三，运用多媒体能有效地提高技能课的授课质量。利用多媒体向学生讲解动作原理和生理基础，把学生对动作的认识由感性认识提高到理性认识。同时制作课件的过程也加深了教师对各项技术的理解和认识，提高教师自身的知识水平和讲解技术要领的能力，从而使整个技能课的授课质量得到质的飞跃。

（二）现代化的教学手段在体育创新教育中的运用途径

体育创新教育，即结合体育教学规律，根据有关创造性发展的原理，运用科学性、艺术性的教学方法，培养学生的创造意识、创造能力和健康个性，培养创造性人才的一种新型教学方法。在体育教学中实施创新教育，就要结合现代化的教学手段对现行的传统体育教学模式进行创造式的改革。

1. 多媒体教学与传统体育教学相结合

现代体育教育系统由两部分组成：一部分是普通教育系统，另一部分是媒体教学系统。这就说明传统教学手段和多媒体组合教学手段在整个教学过程中无高低之分。多媒体组合教学手段作为一种新的、有效的教学手段，虽然有着许多优点，能弥补体育传统教学中的不少缺陷，但并不是样样都优于体育传统教学手段。它也有自身的缺陷，需依靠传统教学手段来弥补。合理选择和运用现代教学媒体，并与传统教学手段有机结合，共同参与教学全过程，以多种媒体信息作用于学生，形成科学的体育教学过程，培养学生的创新精神、创新能力。

2. 体育教师转变教学观念，加强对自己信息素质的培养

多媒体教学是否能成为体育教学的重要教学手段的关键因素是体育教师的信息素质。体育教师由于客观原因往往对计算机接触不多，在上课的时候不太愿意利用多媒体进行授课，感觉多媒体授课与他们平时所用的教学手段有所出入，认为多媒体教学是其他学科的教学手段。然而事实证明，通过多媒体辅助教学往往比教师的示范讲解更直观、更生动、更易被学生接受。运用多媒体技术一方面可以提高学生的学习兴趣，使学生易学易懂，印象深刻，另一方面能够促进学生运用科学的方法主动从事身体练习。因此，体育教师需加强对自己信息素质的培养，尽快提高现代化教学仪器的操作能力。

3. 充分利用现代化教学仪器，激发学生的学习兴趣

体育教师可以利用理论课的空间，课前做好充分准备，了解和分析学生的兴趣爱好，结合实际，有的放矢。通过多媒体手段将教材的知识性、趣味性、思想性融为一体，全面刺激人体各器官，能使学生轻松愉快地接受信息，避免呆板的讲解和空洞的说教。讲课应突出重点、语言简洁、图文并茂、生动形象，充分调动学生学习的积极性，培养学生的创新意识，同时为实践技能课的模仿和练习打下坚实的基础。

4. 合理利用现代化教学课件，优化体育课教学环境

传统的体育教学存在着理论课知识较抽象，文字、材料、插图单调，实践课动作技术强，结构复杂，学生理解吃力，模仿不得要领等问题。现在可以利用多媒体把理论和实践知识创造性地制成投影片，并与视频中的部分镜头有机结合起来，形成完整技术动作，通过慢镜头或定格的方式逐渐展现在学生面前，逐次讲解各个分解动作，抓住重点，讲深、讲透，让学生在屏幕上清楚地看到所需掌握动作的技术要领，增强理解深度，激发学生学习喜爱的运动的兴趣。通过多媒体创设教学环境，以动静结合、声像合一的形式，使学生从感性认识上升到理性认识，再用理性认识指导实践，从而有效地调节教学结构。使课堂教学的创造性、实践性、趣味性、应用性得到进一步加强，学生学习获得事半功倍的效果。

总之，需要突破传统教学模式，解放思想，拓宽思路，让创新精神走进体育课堂，走进新课程。体育教师应积极地掌握多媒体制作技能，来弥补传统教学手段的不足，从而实现体育教学的现代化。现代化教学手段虽然不能作为体育教学的主要教学手段，但只有发挥现代化教学手段的优势，正视现代化教学手段的实用价值，才能合理、正确地实施创新教育，促进体育创新教育的发展。

第六章 CHAPTER SIX

体教融合视域下高校体育教学模式的实践与创新

党的十九大报告提出："坚定实施科教兴国战略、人才强国战略"。"培养造就一大批具有国际水平的战略科技人才、科技领军人才、青年科技人才和高水平创新团队。"创新人才和创新团队培养成为我国国家建设和社会发展的必由之路，是新时代国家教育发展的宏观目标与重要战略性决策，也是高校体育教育本科专业发展的必然趋势。随着我国体育事业的快速发展，国家对体育人才的需求不再局限于具备体育技能的专业人才。专业人才要具备创新创造能力，依靠科技的力量改进运动训练方式，同时依靠科学的管理、完善的制度实现体育人才管理，体育的发展越来越注重科学和技术。因此，体育教育本科专业创新人才要以课程体系和教学内容为切入点，以创新人才为核心，夯实学生的基础专业知识与专业技能，尊重学生的个性发展，突出学生的创新意识与创新能力的培养。

第一节　游戏教学模式在高校体育教学中的实践与创新

一、游戏教学模式在高校体育教学中应用的理论基础

游戏教学模式是顺应教学目标和课程标准的要求，把作为载体的体育游戏视为教学的方法与手段，同技术教学有机结合，组织学生在游戏的愉悦氛围中学习和拓展知识技能，充分调动学生的学习自主性和创造性，从而达到预期教学目标的一种教学模式。

（一）游戏及体育游戏的内涵

从游戏的起源来讲，游戏最早的形式产生于人类原始社会早期，是为了满足生产生活的需要而形成的一种具有一定规则的娱乐性活动。作为人类社会的

普遍现象，每一种游戏都深刻地反映着游戏产生时的特殊社会生产生活情境，这已在部分研究中证实。例如在人类社会的早期，游戏就被作为一种教育手段，人们借助游戏对年幼的生产者进行教育，传授各种生产和生活的经验，使年幼的生产者更快、更早地融入现实生活，游戏自身也随着社会物质生活条件的发展而不断丰富。对于体育游戏来讲，它无非是"游戏大家庭"里的一个分支，是游戏内容的重要组成部分和表现形式。在现代社会最为流行的体育项目中，大部分是最初的游戏形式被人们不断地规则化而发展形成的，这也使得"游戏""体育游戏"和"体育项目"形成了内在的联系。关于"体育游戏"的概念，不同的学者从不同的角度进行了阐释，本书将其定义为：体育游戏是按一定的目的和规则进行的一种有组织的体育活动，是一种有意识的、创造性和主动性的活动。

（二）体育游戏的特点

体育游戏作为游戏的一种重要表现形式，其自身不仅能够表现出游戏的一般特性，而且能够凸显体育的主要特征。体育游戏主要是以人体完成基本体育动作为主的游戏，是一种能将人的德、智、体的发展寓于一种浓厚的娱乐氛围中的有效方法。其主要特点表现如下。

1. 娱乐性

娱乐性是所有游戏的"生命"，体育游戏也不例外。在体育教学中合理地运用体育游戏，能让体育课生机盎然且不失活力。在体育课堂中体育游戏的娱乐性能唤醒教师和学生们原始的娱乐冲动，使其表现得更为兴奋和活跃，对每一部分教学内容能够积极应对。

2. 普及性

体育游戏的内容是丰富多样的，经过选择能够满足不同人群不同的游戏需求。在教学中也是如此，面对不同的学生、学段、教学内容，选择或创编出合适的体育游戏，以满足健身、娱乐、教学等不同的需求。

3. 规则性

体育游戏的规则性既能够从原始的游戏中传承，又能够在实际的创编中不断创新，目的就是要使体育游戏不断地满足不同的需求。在体育教学中的游戏更是如此，它需要一定的规则才能够保证教学有条不紊地进行，顺利地实现教学目标。

4. 竞争性

如果说体育游戏的娱乐性激发了人们原始的娱乐冲动，规则性保证了体育游戏的顺利进行，那么，竞争性则可以说是最大限度地调动了人们参与体育游戏的积极性。通过竞争，体育游戏的效果将发挥到极致，人体自身的潜能也能得到充分激发。现实中的体育游戏大多是以个人或者集体取胜为目的的竞争性游戏，通过游戏完成的数量、质量和速度来评判游戏的胜负，表现出人们在体力、智力以及合作能力方面的竞争水平，获胜者能够满足内心的愉悦并能够充分地展现自我。通过竞争培养的这些能力对于体育教学来讲无疑是有利的，它会帮助学生更深刻地体会体育的精神内涵与魅力，更加出色地完成体育课的教学任务。

5. 目的性

通常人们进行体育游戏都具有一定的目的性，或是愉悦身心，或是培养团结协作的精神，或是完成某些体育活动任务。总之都是为了调动大家的兴奋性，使某一枯燥的技术学习环节更加生动有趣。

（三）游戏教学模式与高校体育教学

游戏教学模式是根据教学大纲，将教学内容与生动有趣的游戏相结合的教学模式。在高校体育教学中，教师通过各种各样的游戏手段，使学生进行学习，并培养学生多方面的能力。

1. 体育游戏教学模式与高校体育教学特点的内在联系

体育游戏教学模式就是要通过游戏自身的娱乐性、竞争性、普及性等特性的发挥，有效辅助体育教学目标的实现。目前，我国高校培养学生的目标根据学校类型的不同各有不同，进而造成了高校学生在身心发展方面的差异。高校学生更注意个性能力和综合能力的培养，体育课提供的各种竞争性内容，为学生社会适应能力的发展和勇于竞争、锐意进取精神的培养提供了较大的空间。体育课具有一定的运动量和负荷强度，枯燥、单一的传统教学模式很难满足高校学生的内心需求。所以，丰富生动的游戏教学形式能够使学生更容易融入体育教学，既能满足学生特殊的心理需求，又能培养学生良好的运动技术技能，使其领悟到体育的魅力，为终身体育奠定基础。

2. 体育游戏在体育教学中的作用

从体育游戏的特点看来，体育游戏对于体育教学的作用是明显的。体育游戏能激发学生的体育学习动机，培养学生的集体主义精神，教育学生遵守纪律、团结协作，巩固和提高学生的体育技能，历练学生的创新思维和敢于拼搏的竞争精神，对于体育教学有着深远的意义。

3. 体育游戏在教学中实施的理论研究

通过合理的游戏规则，体育游戏的实施成为游戏教学模式中最为重要的环节。体育游戏的组织实施效果如何，会直接影响游戏教学模式全面功能的发挥，最终影响体育教学的整体效果。科学合理地研究体育游戏教学的组织实施，对游戏教学模式的实践具有深远的指导意义。

（四）体育游戏教学模式中游戏的选择

从游戏教学模式的特点和产生的特殊效果可以看出，游戏教学模式的应用改变了以往枯燥、乏味的体育课堂气氛，使得体育课生机盎然，对学生各方面能力的培养和课堂教学效率的提高起到了积极的促进作用。在游戏教学模式下产生各种有益教学效果的同时，对游戏进行正确的选择与应用是非常有必要的。比如，在课程的准备部分选用活动量小的游戏，在教学过程中选用内容健康的游戏或者选用危险程度小的游戏等，都会直接影响体育课的教学效果。

二、游戏教学模式在高校体育教学中应用的实践创新

如今我国高校武术教学还没有彻底摆脱传统教育的影响，仍然不同程度地存在着各种问题：学生武术学习的起点低，且学习难度较大；一周一次两学时的教学课给学生记忆动作造成客观性的困难，如此短的教学时间不利于武术运动的深入学习；教学内容单一，教学模式单调。对于这些问题，不少高校引入游戏教学模式，不仅丰富了游戏教学模式在体育教学中的应用实践，而且为其他体育项目提供了参考和借鉴。下面就以武术教学为例，来展开游戏教学模式在高校体育教学中应用的实践研究。

（一）武术游戏教学模式引入高校武术教学的意义与作用

1. 有利于学生认识水平的提高

通过武术游戏教学模式，学生对所学知识和技能可以有更深刻的体验和内化，可以更进一步认识和理解体育与武术。在多种多样的武术体育游戏教学活动中，学生武术参与意识的增强、武术知识的掌握、武术技能的运用及同伴之间的相互帮助，使学生产生了积极的自我调整和自我教育。在教学中，学生对武术知识和技术有了更深刻的情感体验，从而促进学生武术知识和能力的提高。

2. 有利于学生智力和非智力因素的发展

根据武术特点选择各类武术游戏教学模式进行教学，能使学生在更和谐的气氛中进行武术学习。它有利于学生武术学习兴趣的产生及保持，有利于激发学生武术学习的动机。经常性地引入武术游戏进行体育教学，能有效地激发学生的学习情绪，促进学生智力和非智力因素的发展。武术游戏往往是通过学生模仿武术动作、体验武术技术以及进行激烈的武术竞争来实现教学目的的，这使得学生的思维更为活跃。当思维活动与身体运动相互协调并实现统一的配合时，能更好地培养学生的感觉、知觉、想象、注意力、性格、意志、情感等各类心理品质。学生可以在不断的武术游戏教学中感觉教学中存在的问题，从而

发展自我积极性，增强竞争的态度，极大地促进学习、生活、理想、观念及人际关系等的发展。

3. 有利于学校体育教学计划的顺利完成

在武术教学中充分利用武术游戏，对高校体育教学计划的顺利完成起着十分重要的作用。在武术教学中学生的注意力并不相同，兴奋性也各具差异，这样就会影响教学计划的贯彻和执行。体育教师应在教学的开始部分和准备部分中，积极采用各类武术游戏教学，提高学生中枢神经兴奋性，调整学生的心理状态。如武术模仿游戏、武术项目报数游戏可以提高学生的注意力和兴奋性，使人体由相对安静状态逐步进入学习状态，以达到教学准备活动的基本目的，使学生在生动、和谐的气氛下进入武术教学基本部分的学习和练习。由于有些武术学习难度较大，学生的情绪容易受到一定影响，这时任课教师就应及时地改变教学模式，有计划地选择一些武术游戏法进行适应教学。如在武术耐力教学中，教师可以根据教学进度和学生的实际水平，采用相互监督和促进式的武术游戏进行教学。

4. 有利于学生心理健康水平的提高

体育教师以游戏教学模式为基础，考虑武术教学的教法选择，适应学生的实际情况，引导学生学习武术知识和技能，保证武术教学的科学性，从而在教学中更好地提高学生心理健康水平。各类武术游戏不断引入课堂，活跃了课堂教学气氛，调节了学生学习情绪，使学生在欢声笑语中掌握武术知识和技能，在愉悦的心情中锻炼自己。

5. 有利于学生思想品德的提高

高校的武术游戏教学活动满足了学生的基本需求，使学生获得成功的情感体验，提高了学生对武术教学活动的兴趣，使学生自觉地把武术锻炼活动贯穿在自己的今后生活中。教师在武术游戏中创造出具有一定难度和趣味性的游戏方法及手段，不仅发展了学生的体力和智力，更重要的是发挥了教学的思想品德教育作用。这对于培养学生良好的竞赛道德、勇敢的精神、负责任的态度、遵守纪律的习惯，以及活泼乐观、进取创新的品质都有积极的作用。

总之，高校武术教学中应用游戏教学模式是提高武术教学质量的必要手段，各类武术游戏是发展学生思维、促进学生智力发展、提高学生身体健康的重要教学活动形式。它既可用于发展学生一般性的身体素质，又可用于发展学生专项性的武术素质。它也是培养学生遵守纪律、战胜困难、团结互助、热爱集体、积极进取等优良道德品质的基本手段。

（二）游戏教学模式引入高校武术教学的教学设计

随着课程改革的深入，教师对教学观念、教学手段、教学策略、教学目标、教学评价等方面的把握有了实质性的进展，在很大程度上改变了传统教学中存在的一些形式，代之以全新的方式方法。作为教学中的一个重要环节，教学设计是教学目的性、过程性、科学性与艺术性的统一。

1. 游戏教学模式引入高校武术教学的目标

课程的教学目标是一个阶段性的学习指南，所有的教学活动都围绕如何实现目标来开展。学校武术的基本教学目标是传播武术运动技术、传统武术文化知识和思想。游戏教学模式作为一种较为新颖的体育教学模式，通过利用体育游戏的趣味性，使学生在和谐的气氛里从事武术练习和锻炼，并使学生乐于接受武术教学。将游戏教学模式引入武术可以有效促进学生提高参与意识，克服厌学情绪，在游戏中设计武术动作，体会发力、协调、动静、快慢的武术精髓，同时培养学生的创新精神。

2. 游戏教学模式引入高校武术教学的内容

如果武术教学内容陈旧，难以领会动作要领和深意，容易使学生对教学内容产生厌烦和无聊情绪。有些武术动作偏难，容易使学生产生厌学和心理障碍。通过对学生教学内容的满意度调查发现，目前学生对武术教学内容不是很满意，更多的学生希望修改教学内容。如今高校的学生更倾向于学习散打、太极、武术器械等实用性强的武术内容，不太喜欢武术基本功的学习，对武术套路的态度则为一般。对此，高校应及时调整武术教学内容，安排更多的实用性和适用性较强的与散打、太极和武术器械相关的游戏教学。

3. 游戏教学模式引入高校武术教学的教学结构

体育教学的基本结构由准备阶段、基本阶段和结束阶段组成。在教学实践中，人们根据教学的规律以及学生在各个教学阶段所处的身体、心理状态，总结出了许许多多有针对性的各类武术游戏，发展成较为系统的各个武术项目教学体系和方法。

（1）武术游戏教学模式在教学准备阶段的运用。传统准备活动阶段通常采用慢跑、做体操等教学手段，但它只能达到调节学生生理机能的目的。如果这些手段长期反复使用，就会使学生感到枯燥，产生厌烦心理。武术的游戏教学模式则能在短时间内迅速将学生的心理调节到最佳状态。

所以，在此阶段应结合教学内容有针对性地选择一些提高学生注意力和兴奋性的武术游戏，如"武友相聚""大刀接力"，把高校武术教学准备活动安排得丰富多彩、形式新颖多样，把学生的身心调节到最佳状态，使学生以饱满的热情全身心地投入课堂教学中，为以后的教学打下良好的基础。

（2）武术游戏教学模式在教学基本阶段的运用。武术的基本技术、技能的教学是课上最重要的环节，是衡量教学效果的主要部分。这一阶段的主要任务是使学生掌握武术的基本技术、技能，形成动力定型。

为达到这一目的，教师需要根据武术教学课的任务、内容、性质和学生的特点，适当安排一些武术动作的游戏，改变单一枯燥的武术练习形式，提高学生学习武术的兴趣，使学生在轻松快乐的气氛中完成教学任务。

武术游戏内容的选择要以武术课的教学内容为中心，具有较强的趣味性，这样才能激发学生的学习兴趣，真正达到边学边练的目的。另外，武术游戏教学时机的选择也非常重要，一般在技术动作形成的初期不宜采用游戏法，以免影响技术动作的巩固。应在学生开始重复武术动作练习时采用游戏法，这样效果会更好。

调查显示，学生对武术耐力教学较为反感，如果教师始终采用普通练习法进行教学，学生就会感到单调和枯燥，学生的学习情绪和意志品质的培养就会受到一定的影响。在武术耐力教学中，可以采用武术的一些耐力性游戏法进行教学。

（3）武术游戏教学模式在教学结束阶段的运用。在体育课的结束阶段，学生已经处在疲劳期，需要尽快消除疲劳、恢复身体的机能，使身心由紧张状态过渡到相对安静状态。这时可以运用一些低负荷的武术游戏进行教学。整理放松活动的武术游戏要充分体现趣味性的特点，在武术游戏的内容、形式上力求做到轻松、活泼、精彩和幽默，在欢乐中使学生的身心得到整理和放松。

（三）武术游戏教学模式在高校武术课堂的组织教法

目前针对学生学习出现许多优秀的教学模式，如武术音乐辅助教学模式、讲授武术故事模式、武术口诀教学模式、武术特色教学模式、武术情境教学模式等，这些教学模式都对学生学习武术技术和技能起到一定作用。在武术教学中运用游戏教学模式是一种尝试，将会对学生学习武术产生巨大的吸引力。在高校武术课堂上运用游戏教学模式，必须遵循一定的教学流程，才能实现武术游戏教学模式应有的效应，提高高校武术教学的质量。

具体来说，武术游戏教学模式在高校武术课堂的组织教法应该按照以下步骤和流程进行。

1. 根据武术课的教学目的和内容来选择武术游戏

各类武术游戏具有很强的针对性，可以服务于各类具体的武术教学活动。武术课的形式多样、内容丰富，选择何种武术游戏活动应根据武术课的具体目的和内容而定。例如，课程的开始与结束部分所选择的武术游戏应有所不同，不同器械、不同拳种的武术教学课所选择的游戏都应有所不同。但无论选择什么类型的武术游戏，其目的都是所选用的武术游戏既要让学生得到身体的锻炼，又能为武术知识技能教学服务，有效地完成武术课的教学任务。

2. 做好武术游戏的讲解和示范

在选择好武术游戏后，教师必须先给学生讲解武术游戏的目的、方法和规则。可以按照武术游戏的基本要求，讲解游戏的目的、任务、内容、规则、活动方法以及相关的要点，让学生了解要注意的一些安全事项，从而使学生在游戏规则允许的范围内享受游戏教学的乐趣。

武术游戏的讲解顺序一般是：游戏的名称、目的、意义、组织和方法、规则和要求、注意事项等。讲解时，教师应选好讲解位置，做到两点：第一，每位学生都能听到讲解内容，游戏的重点内容、关键的词句要讲清楚；第二，讲解与示范相结合，重要的教学内容要做示范，以利于学生的理解和对游戏的认识程度。

3. 做好武术游戏中的合理分组

一些武术游戏必须采用分组或分队进行教学，这时教师应做到合理分组。在武术教学中，分组或分队的方法主要有教师分组、报数分组、行政分组、组长分组和固定分组。教师采用何种分组方法，应根据具体的武术游戏内容、形式、教学条件以及学生的具体情况来确定，做到分组或分队人数基本相等、实力大致相当。只有这样，在武术游戏活动中才能充分调动学生的积极性、主动性和创造性。

4. 做好安全组织、裁判工作并及时调整

在一些武术集体游戏中易出现拥挤推搡事故，针对此种情况，在教学前应做好预防工作，提醒学生易出现的问题，并加以引导，组织学生有序地进行活动。游戏时应做到公平、合理、判罚明晰，多鼓励和表扬学生，对游戏中的运动量、运动强度和情绪等都要加以控制和调节。

5. 做好武术游戏教学的总结

各类武术游戏为达到一定的目的，不能仅注重练习过程，还要注意游戏之后的总结和奖惩。在武术游戏教学过程中，如果出现问题要及时停止游戏，并当场总结存在的问题以及应注意的事项，做到教学有的放矢，从而达到事半功倍的教学效果。为了让武术游戏活动进行得更精彩，对学生应多鼓舞、多表扬，多肯定学生的优点，充分发挥学生的智慧，让学生不断提高学习兴趣与学习能力。

6. 预防武术游戏教学中的基本问题

在武术课的教学中，可能会出现一些教学问题，主要可总结为以下几种：①游戏教学中的各类伤害事故；②在游戏教学中，由于组织不当、学生争胜心强，可能易出现一些过激行为，如学生不团结、学生之间相互责备等；③游戏运动负荷不合理；④学生思想涣散、纪律性不强等。

为防止出现游戏活动的基本问题，在教学中必须注意以下几点：①游戏的选择要科学，内容要合理；②规则制定要准确，裁判要公平、公正；③游戏组织要严谨认真；④要加强学生的纪律性和安全教育。

第二节　程序教学模式在高校体育教学中的实践与创新

随着我国教育事业的改革和素质教育的不断推进，倡导并培养学生心智能力、实践能力和创新能力成为教育改革和发展的方向。为此广大教育者积极进行教学尝试，把心理学和教育学的教学模式交叉融合，取得了可喜的教学效果，从而加快了素质教育的进程。认知心理学的观点和一些新的教学模式被广泛应用于体育技术教学和训练中。其中最典型的就是通过对程序教学和时空认知的研究，为程序教学与时空认知相结合的教学模式在高校体育教学的应用提供理论基础，促进高校体育教学卓有成效的进一步发展。

一、高校体育教学中程序教学模式的编制

（一）程序教学模式的编制方式

1. 直线式程序教学

直线式程序教学是将教材分成若干个小的步骤，并按一定顺序进行教学训练。其基本特点是练习者提出的所有问题都是按一定的直线单向序列进行的。它是一种相对简单的模式，适用于一些简单的技术项目。

2. 分支式程序教学

分支式程序教学是将教材分为比直线性程序更大的步骤，在每个大的步骤中再确定一些具体的算法程序（即具体的方法和手段），根据选择的算法从每步所要学的教材中向学生提出各种检查性的问题，或是对前面学过的教材做补充性的解释，再给出新的检查性问题。例如，在网球教学时，将正手动作分为引拍、击球、随挥几个大的步骤，然后按以上方法分几步教学。每一步采取各种具体的方法进行练习，并用检查性的问题或手段进行检查或考核，完成一步教学后再进行下一步教学。分支式程序教学往往用于促使练习者动作技能的提高和技术结构较为复杂的运动项目的教学，如网球运动的教学。

（二）程序教学模式的编制原则

1. "小步子"原则

程序教学是把整理设计后的所学内容分成几个部分，每部分就是一个知识段也就是"小步子"，把这些"小步子"科学地连起来编制成较长的序列，后

面的"步子"比前面的"步子"逐渐增加难度。学习过程中学生按照此序列完成最后一步也就掌握了本次的学习内容，遇到难题只要返回上一步重新巩固就可以了。其学习内容是逐步呈现的，学习者能够循序渐进地掌握所学内容并最终完成学习任务。

2. 即时强化原则

学习过程中如果学生遇到困难，进行思考后仍解决不了，这时没有教师的及时指点的话，学生很容易放弃对本内容的学习。但是在根据程序教学方法学习时，学生自己便能够及时地找到解决问题的方法，也就是返回到上一步的学习，这样就可以使学生对所学内容加深印象，在一定程度上相当于对学习的强化，让学生更容易地掌握学习内容。心理学研究表明，人对知识的学习是不断强化的结果，而知道答案也是一种强化，因为知道答案可以使学习者增强自信心并获得奖励，从而使学习者对学习内容更有兴趣，能够不断地进行自觉的学习。

3. 自定步调原则

在传统的体育教学中，教师是根据学生的技能水平和教材内容进行教学的。这种方法忽略了学生的个体差异，结果造成部分学生跟不上教学进度、部分学生不能满足其学习需求，最终显示为身体素质的差异导致传统教学模式教学效率不高。在程序教学中，学习者可以根据自己的实际情况掌握学习进度，可以根据对学习内容的掌握程度自定步调，按照自己的进度学习。自定步调体现了以学生为主体的指导思想，使不同水平的学生都能按自己的学习进度对教材进行学习。

4. 主动反应原则

程序教学的内容是由每一小段（"小步子"）内容按照一定序列组合起来的完整的内容，是一个完整的链条，学生能够不断地按照程序所提供的问题或方法进行学习。学生在学习完一个内容后可以立即被强化或奖励，这样既保证了学习者能够处于积极的学习活动中，又增强了其对学习的兴趣。

（三）程序教学模式的编制目标

程序教学模式是在高校体育教学改革的背景下为弥补传统教学的不足而提出的一种教学模式。传统教学中教师强调的是达标，就是要求所有的学生达到同一个教学标准。它忽视了学生的个体差异，往往导致基础好的学生稍加努力就可达到教学目标，而基础差的学生付出很大的努力仍然可能达不到教学要求，这就容易挫伤基础差的学生的学习积极性。程序教学的目标是能够让90％以上的学生掌握基本技术动作、了解技术原理，能够提高学生的自学能力、培养学生的体育兴趣，为终身体育奠定基础。

（四）程序教学的控制系统

程序教学过程可以看成一个控制系统，这一控制系统是教师与学生之间的信息运动过程。在程序教学模式中，先由教师将信息传递给学生，学生接受之后在具体实践中提出反馈，教师利用反馈的信息重新调整教学程序与内容，然后再将调整后的信息传递给学生。如此循环往复，使得教学内容不断深化，教学效果不断改善。

程序教学具有严格的逻辑顺序以控制系统和满足连贯的动作技术要求，对动作技术的程序化教学的调控过程都是利用信息反馈来实现的。为了获取最优的教学效果，必须建立快速且有效的信息反馈控制系统。学生通过程序教学控制系统的调节，对所学动作与正确动作进行比较，发现问题，提出改进程序，不断修正错误。例如，在完成羽毛球正手抽球动作时，中枢神经系统不断获得有关动作的用力大小、动作节奏、动作方向等方面的信息，然后再通过新信息去纠正错误动作，从而提高正手抽球动作的质量。这样，在每个教学阶段都有一个合适的信息传递给学生，保证了学生的学习质量。另外，从反馈调控的角度来看，教师能及时在每一程序得到学生的反馈信息，便于了解学生的学习状况，及时调整、控制输出的信息，使学生在不同的序列里能获取最佳适宜信息，最后达到总体优化的目的。

二、程序教学模式在高校体育教学中的实践创新

程序教学模式作为一种有效的新型教学模式，正在改善并促进体育教学的不断发展。当前不少体育教师为了更好地提高程序教学模式的教学效果，提出了程序教学模式与时空认知相结合的体育教学模式，即程序-时空认知教学模式，不断地对程序教学模式进行创新研究并应用于实践中。

（一）程序-时空认知教学模式的概念

时空是一种客观抽象的概念，是万事万物存在的基本属性，能被人们所感知。认知则是一种主观抽象的概念，是对外界事物的认识过程。时空和认知是人类认知事物的客观和主观的两个方面。人不是被动的刺激物接受者，人脑中积极地进行着对所接收的信息进行加工的过程，这个加工过程是认知过程，即人的感觉器官对外界事物带来的刺激进行信息加工的过程。所以时空与认知结合在一起的理解就是：人脑对所感知到的外界事物的存在形式进行信息加工处理的过程。

程序-时空认知教学模式是教师根据不同体育技术项目的教学程序与学生时空认知的时空感觉、时空表象，以及时空认知建立、发展和巩固的规律，在教学过程中将教学程序与时空认知紧密结合起来进行教学尝试的教学模式。

这一教学模式适用于体育教学训练中基本技术动作的教学，能够提高教学进度与质量，提高练习成功率，缩短教学时数，对有效提高学生自主学习效果能起到重要作用。同时这一教学模式能充分调动学生学习的积极性和主动性，培养学生思维能力、认知能力以及创新能力。另外，把教学过程分成严密的逻辑顺序单元，使学生对技术的认知和掌握逐步进行，从而降低了教学难度，提高了学生的学习自信心。在教学过程中应对学生的每个反应做出反馈和调整，并及时对错误动作进行纠正，这样连续的信息反馈可以使学生沿着正确的学习方向、按照教学程序的要求在适合自己的学习速度上学习，不会因为个体素质及基础的差异影响整体的学习进程。再者，教师对每次的学习情况都应详细了解，从而发现教学程序的不足之处，并及时对教学程序进行修改、补充和完善。

（二）程序-时空认知教学模式在高校体育中的应用

1. 教学程序与时空口诀

教学程序和时空口诀的编制是开展程序-时空认知教学模式教学的前提，它们的合理与否直接关系到教学能否顺利进行，还会影响到教学效果。教师在编制教学程序和时空口诀时一定要按照程序编制方法，了解注意事项，遵循由易到难、由简到繁、循序渐进的原则。

（1）程序编制方法。直线式程序的编制方法：把一个完整的技术动作分成若干个"小步子"，也就是有若干个学习目标，学生在学习中掌握了第一个学习目标后，再学习第二个、第三个……按照顺序依次完成全部的"小步子"后，进行完整的技术动作练习，反复强化巩固，直到熟练掌握为止。

集中式程序的编制方法：学生先学习前几个"小步子"的内容，当前几个目标掌握并巩固后再进行下一个目标的学习，直到最后完成整个技术动作。

交叉式程序的编制方法：遵循"整-分-整-分-整"的学习模式，即先了解完整技术动作，再学习第一步的内容，掌握了第一步内容后重新学习完整技术动作，接着再学习第二步，掌握了第二步后再重新学习完整技术动作，以此类推，直到熟练掌握完整技术动作。

在编制体育技术教学程序时，随着程序的深入，动作难度加大。为了减少给学生学习带来的困难，就要对体育技术动作进行结构分析，剖析出动作的关键点、难点和重点，并在技术上合理地调整"小步子"。此时可以采用集中式或交叉式的编制程序，让整个技术的衔接更顺利、更完整，也更容易形成正确的动力定型。针对动作的关键点和难点，应着重强调和反复练习，避免形成动作脱节的现象。从结构上可以把一个动作分成若干个小环节，难点就是学生比较难掌握、难理解的环节，它对学生完成动作的好坏和技术评价的高低有着重要的影响。关键点和难点有时相同，有时不同。重点会更复杂，有时重点就是关键点和难点，有时重点只是一节课堂中所要侧重解决的某个问题。所以，在教学中分清楚关键点、难点和重点，对学生的学习效果有很大的影响。

（2）编制体育技术教学程序和时空口诀应该注意的事项。在编制体育技术教学程序时要遵循程序编制方法，结合体育运动的技术特点、技术结构和内在规律，将运动技术分别分解成几个"小步子"，再合理重组每一项体育技术的教学"步子"，形成一个新的教学程序。

在课堂前设计的时空口诀也是根据教学程序的"小步子"编制的，它的作用就是让学生更好地理解运动技术的时空特征，使学生更快地掌握运动技术。所以在设计时空口诀时一定要结合运动技术的动作要领。口诀要简单明了，便于学生理解和记忆，让时空口诀在辅助技术动作的学习中发挥最大的作用。

在编制运动技术教学程序和时空口诀时，既要考虑其合理性，又要考虑到各自的特点，必须把这两种教学模式的优点结合起来共同融入教学，才能使教学效果最大化，同时完成提高学生运动技术水平、培养学生终身体育意识，以及培养学生思维认知能力和自学能力等多方面的教学目标。

编制运动技术教学程序主要是为了让学生更容易地掌握运动技术，所以在编制过程中应事先了解学生个体情况的差异，以及对体育运动的认识程度和感兴趣程度。只有在充分了解这些信息后编制出的教学程序才能符合学生的实际，容易被学生完全接受，在教学中取得理想的效果。

2. 程序-时空认知教学模式在高校跳远教学中的应用

根据现代跳远技术的特点，结合程序教学模式的编制方法及其特点，同时依据程序教学与时空认知相结合的教学模式在跳远技术教学中教法程序的构建基础，可以制定出跳远程序-时空认知教学模式的教学流程。

第一步，在课程开始前，教师要做好准备工作，分解好教学目标，确定本节课的学习内容，编制学生跳远时空口诀。

第二步，在课程的开始阶段，教师进行常规教学，并教给学生跳远时空口诀，然后进行讲解示范，并让学生观看技术图片，加强跳远运动时空感训练。

第三步，进入自主练习阶段。教师引导学生进行自主练习，通过学生之间的相互交流，互相反馈意见，找出产生错误动作的原因，同时教师根据学生产生错误动作的原因，及时帮助和指导学生改正错误动作，再进行强化练习，以完成技术学习。

第四步，教师对学生进行测试。测试结果分为3种：通过，即学生能熟练地完成技术动作；基本通过，即学生能完成技术动作，但不熟练，动作不连贯、僵硬，必须通过强化训练后才能通过；未通过，即学生不能完成技术动作,需要重新讨论分析教师与学生之间、学生与学生之间的交流反馈过程,找出问题所在及解决办法。未通过但经过强化练习后通过的,可以进入下一单元的学习;仍未通过的,则必须继续学习,直至学会才能进入下一单元的学习。

第五步,课程结束前填写时空认知问卷,课后回忆课堂教学程序、手段和自己的感觉与体验。

3. 程序-时空认知教学模式在高校排球教学中的应用

教师采用程序-时空认知教学模式进行教学时的课堂操作可分为以下 5 个具体的步骤。

第一步,在上课之前教师要关注 3 点:教材、学生、方法。具体而言,"教材"就是课前教师已经预先编好的教学程序和时空口诀;"学生"是指在课前要让学生记住时空口诀,对排球技术有一个初步的了解,为课堂上的练习提供理论基础;"方法"就是将教材和学生结合在一起,即将技术动作和时空口诀进行动作演练,让学生对排球技术动作建立起正确且完整的认识。

第二步,在上课的开始部分依然是常规教学模式,教师向学生进行技术动作的讲解与示范,强化学生已经形成的动作时空感觉,从而诱发学生进行自觉练习。

第三步,在学生自学自练阶段,教师为了提高学生的自学能力,引导每一位学生根据自己的能力和水平选择适合自己的学习程序。这样不仅能提高学生的学习兴趣,也能收获更好的学习效果。教师要鼓励学生之间相互沟通、交流意见,互相帮助,找出彼此的问题所在,并分析原因、解决问题。同时,教师与学生之间也要经常交流,及时地给予学生评价和反馈,纠正其错误动作,强化和巩固正确动作,帮助学生顺利完成课堂目标。

第四步,教师进行主观测试。测试结果可能有 3 种情况:通过,即学生很顺利地完成动作;基本通过,即学生动作完成得不熟练,还需要加强练习;未通过,即技术动作完成不了或动作错误。针对未通过的学生要重点去抓,更需要教师和其他学生的帮助和关心。未通过的学生也应该主动找教师和其他学生交流讨论,找出问题所在及解决方法,纠正自身错误动作,强化正确动作的练习,一直练习到通过为止。

第五步,在每一节课下、课前都要填写时空口诀信息反馈表和自评细则表,以了解学生的学习信息和课堂体验情况。

(三)对高校体育教学中程序-时空认知教学模式应用的再认识与建议

1. 对高校体育教学中程序-时空认知教学模式应用的再认识

在程序教学与时空认知相结合的教学模式中,先让学生通过时空口诀的学习,初步建立起技术动作的时空感觉,再将技术动作和时空口诀结合起来进行演练，加强学生对技术动作的认知，使学生形成正确的动作概念和时空表象，在降低动作学习难度的同时，减少动作的错误率。通过录像、视频等教学手段反馈和强化学生的技术动作，进而达到提高学生运动技术和技能水平的效果。

程序教学与时空认知相结合的教学模式可以将总体教学目标有机分解，在很大程度上降低了技术学习的难度，最后将分解的目标进行优化组合，更容易完成总的教学目标。除了一般目标以外，程序教学与时空认知相结合的教学模式在课堂教学中，以教师评价、学生互评、学生自评的方式反馈信息，激发学生的思维认知能力，促使学生在学习中主动发现问题、分析问题、解决问题，不仅有助于提高学生的自主性，更重要的是有助于培养学生的综合能力。

2. 对高校体育教学中程序–时空认知教学模式应用的建议

课堂前设计的时空口诀是为了帮助学生理解和记忆技术动作，它是形成正确动作概念的前提。因此，时空口诀的设计一定要紧紧围绕动作的技术要领，使口诀简单准确，更方便学生的理解和记忆。

程序教学与时空认知相结合的教学模式将教学内容合理分解，虽然降低了学习难度，适用于不同水平的学生，但在教学中也要采用适当的辅助手段（语言、动作、电脑课件等），充分调动起学生学习的自信心和积极性，更要注意引导学生在练习的同时不断思考，做到学思结合，反馈与强化并存，这样才能提高技术动作的正确率。

在教学程序和时空口诀的编制过程中，不仅要考虑教材内容的特点和两种教学模式的优化组合，更重要的是必须结合学生的实际水平，只有这样才能编制出合理有效的教学程序。

程序教学与时空认知相结合的教学模式在具体的教学课堂中不能简单地套用，也要结合其他教学模式的优点和教学经验辅助教学，这样才能使教学效果最大化。

第三节 体育教学俱乐部模式在高校体育教学中的实践与创新

一、体育教学俱乐部理论

（一）体育教学俱乐部概述

1. 体育教学俱乐部概念的界定

"俱乐部"一词源于欧美西方国家，亦称总会，为社会团体及公共娱乐场所的总称。在我国一般将各种文化娱乐场所、体育活动场所等称为俱乐部。

根据美国经济学家詹姆斯·布坎南（James M. Buchman）在《俱乐部的

经济理论》中提出的俱乐部理论，可将俱乐部主要特点概括为：俱乐部有一定的地理区域范围，该区域范围内存在着有一定关系的人群，俱乐部具有相对的独立性，成员拥有相对一致的利益，某些需求可在俱乐部中得到满足。

由于体育俱乐部的多样性和复杂性，明晰体育俱乐部的概念显得更加重要。体育俱乐部是一种社会组织，是"人的集合"，是从事体育活动的社会组织，是自发的社会体育组织，是一种由社会兴办的开展体育活动的基层组织。体育管理部门将体育俱乐部界定为：由企事业单位、社会团体和公民个人利用非政府财政拨款举办的，以开展体育活动为主要内容的基层体育组织。体育俱乐部大体上可分为业余、职业和商业3大类。其中，业余体育俱乐部是一个非营利性的、业余的、自愿的、自治的群众性体育组织。

学校作为一个非营利的实体，应归到业余体育俱乐部这一类别中。体育课程既要突出课堂教学，又要服务于课外活动。学校体育的主要形式是体育教学，以体育俱乐部形式进行教学，应该遵循教学的规律，即在教师指导下自由地选择项目、教师和上课时间。具有共同体育锻炼爱好的大学生基于生理、心理、社会和自我完善等需要，以素质教育、健康教育为目标，以学校体育场馆为依托，围绕着某一运动项目，从大课程观出发，把体育教学、课外体育活动、群体竞赛、运动训练四者有机地融为一体并纳入课程之中，成为一种综合的体育教学形式，即体育教学俱乐部模式。

2. 体育教学俱乐部模式的特点

（1）明确的培养目标和指导思想。体育教学俱乐部模式结合高校体育教学实用性、多样性、社会性、娱乐性的特点，以终身体育为指导，把增强学生体育锻炼意识，使学生掌握体育锻炼技能、养成锻炼习惯、提高身心健康水平及社会适应能力作为教学的出发点和归宿。立足"课内增知，课外强身"的指导思想，体现"以人为本"的教育思想，围绕运动参与目标、运动技能目标、身心健康目标和社会适应目标开展体育活动。

（2）新颖的教学组级形式。体育教学俱乐部模式打破了年级、专业的限制，按学生需求和水平分层教学，教师按项目分不同级别进行教学。这样既有利于发挥教师的专项特长，又有利于学生形成最佳的情感体验，符合因材施教的原则，是适宜学生全面发展的教学组织形式。

（3）会员制度。会员制要求学生在缴纳一定会费的情况下才能加入俱乐部，享受会员待遇，并以此来维持俱乐部日常的正常运转，这在一定程度上也引导了大学生的体育消费价值观的转变。同时，通过会员制度更有利于教学和管理，提高教学质量。

（4）体育教师的专业特长得到充分发挥。在传统的体育课中，体育教师要根据教学大纲中的内容，开设不同类型、不同项目的体育课，但在实际教学中有些教师会感觉到难以胜任。这样既保证不了教学质量，也影响了体育教师在教学中的主导地位的发挥。通过俱乐部进行教学，体育教师能充分发挥自身专项特长，在学生中建立良好的形象，发挥自身在教学中的主导作用，提高教学质量。调查发现，课外单项体育俱乐部或一些体育协会的指导教师都是各个专项中最具说服力的教师，如曾经获得过全国比赛的冠军等。这些教师在学生的心目中具有较高的威信，教师的人格魅力也在吸引着学生参加俱乐部的活动。另外，教师之间也充满竞争性。从选课、择师到择教的机制看，学生的选课、择师完全是动态的，学生的择教也是随机的。学生对教师的满意度是教师考核的主要依据，这就要求教师不仅要成为某一项目的专家和权威，还要掌握几种体育运动技能。

（5）学生参与教学与组织管理。体育教学俱乐部模式把学生的兴趣爱好放在第一位，在强调教师主导地位的同时，更加注重学生主体地位的发挥。把组织、管理、活动等权力交到学生手中，提高了学生学习的积极性，增加了学生学习的主动性。在进行体育教学时让学生参与其中，培养了部分体育骨干，更重要的是让学生掌握了体育锻炼的方法，养成了体育锻炼的习惯，让学生的能力得到了锻炼。学生用课堂上所掌握的体育锻炼的手段、方法去指导课外体育锻炼，在体育教学中实现了有形效果和无形效果的统一、教育的短期效应和长期效应的统一。

（6）课内外一体化，拓展体育时空。体育教学俱乐部模式是以传授理论知识、培养兴趣、增强体育意识、掌握运动技能为主的，是实现体育课程目标的有效方式。对学生而言，课内学习运动技能，课外通过课内所学知识去指导课外实践，并在教师、体育专业高年级学生或体育骨干的帮助下，通过参与俱乐部组织的各种锻炼以及形式多样的校内外群体竞赛活动，获得体育运动的乐趣，提高运动技能，养成锻炼习惯。这一模式有助于实现课内外一体化，拓展体育时空，形成以"热爱体育、参与体育、享受体育"为主旋律的校园体育文化。

（二）我国高校实施体育教学俱乐部模式的条件

我国与外国虽然在经济基础、文化背景、人口背景等方面差异很大，但在教育理念、学校体育教学研究中所关注的热点和遇到的问题上仍有相同之处。高校体育是以健康教育为首要目的，教学是以学生为中心，以培养学生的锻炼习惯和锻炼意识为目的。因此在学习各方先进教学经验的同时，也要充分考虑在我国特定的环境下能否适用，能否真正让学生喜欢体育课并能掌握一两项运动来参与课外活动，能否为以后从事终身体育打下基础，这才是高校体育课程改革的关键。

1. 经济背景

我国的国民经济保持着良好的发展势头，经济总量迈上了新的台阶。随着经济水平的提高，国家对教育投入的资金和体育经费也会增加，为体育教学俱乐部的发展提供了经济支持，能更好地促进高校体育课程改革。

2. 文化背景

中华优秀传统文化博大精深，中国体育课程从思想、制度到内容、方法等都潜移默化地受着中国传统思想的影响。体育这门课程其实是文化历史发展到一定阶段的产物，是文化的载体。中国体育课程产生于中国文化的土壤，所以它处处体现着中国文化思想的要素，它的价值取向始终没有偏离和谐全面观。要把中国文化这种特有的文化底蕴贯穿到体育教学俱乐部中，构建出属于我国的独特的体育文化。

3. 自然环境

我国幅员辽阔、地形复杂多样、气候变化显著，体育活动可充分利用平原、山地、丘陵、盆地、高原等地势条件，有效地选择、创造、利用地形与地势开展体育活动，这无疑会给体育活动者带来许多的健康利益和安全利益。结合体育教学俱乐部模式，南方高校夏季可以开设游泳、赛艇、龙舟、冲浪等课程，北方高校冬季可以开设冰上、雪上运动等课程。

4. 校园体育文化环境

校园体育文化是指校园文化中与体育文化有直接或间接关系的部分。校园体育文化是影响校园内群体参与、关注体育的一种导向性文化。它形成的动因主要来自校园内学校体育开展的状况、学校体育发展的硬件建设、体育竞赛的水平、参与竞赛的人数、参与者的积极程度等。它能够提高学生对体育的深层次的认识，从而牵引学生在行动上形成体育锻炼的习惯，对学生终身体育锻炼行为的养成起到积极的促进作用。

校园体育文化建设与体育教学俱乐部有着密切的关系。校园体育文化涵盖面广，不仅包含体育课堂教学和课外体育活动，还包括在学校的寝室、食堂等所有场所开展的体育活动。校园体育文化与体育教学俱乐部模式的结合可以带动学校体育活动的开展，丰富学生平时的文化业余生活，最重要的是能对学生体育习惯及终身体育意识的养成起到积极作用。

二、体育教学俱乐部模式的构建创新

我国地域幅员辽阔，地区间社会发展不平衡，经济、文化、教育、体育等发展存在着较大差异，加上文化的差异，造成不同地区的人对学校体育的认识和重视程度不同，场地、器材设施、师资的数量和质量、教师的专业特长、学校所处的位置和气候条件等都对学校体育有一定的影响，对体育教学俱乐部模式的开展程度也存在着不同的影响。因此，针对我国国情，根据大课程观及当前公共体育课程改革的发展趋势，在原有体育教学俱乐部模式的基础上对课程模式进行了重新梳理，提出了新的发展思路，即弹性体育教学俱乐部模式。

弹性体育教学俱乐部模式吸收了体育教学俱乐部模式的优点，以"健康第一"和"终身体育"为目标，有针对性地解决体育教学俱乐部在实施中遇到的问题，以便更好地适应体育课程改革的需要。这种课程模式是动态的，并且有个可伸缩的区间，以使体育教学俱乐部在实施中更具适应性和可操作性。

（一）弹性体育教学俱乐部模式的构建

现实差异、教育理论和课程政策构成了弹性体育教学俱乐部模式构建的主要基础。

1. 现实差异基础

我国与国外在社会环境、经济状况、文化背景、教育条件和水平等方面存在着明显的差异性、特殊性和不平衡性。把体育教学俱乐部放在我国这样一个幅员广阔、人口众多的环境下，各个地区的社会环境、经济状况、文化背景、教育条件和水平同样具有差异性、特殊性和不平衡性。正是这些差异性、特殊性和不平衡性对体育课程提出了不同要求。因此，弹性体育教学俱乐部模式的构建，必须对各个地区的现实基础进行认真研究，以切实增强体育课程对地区的适应性。

我国不同地区的差异进一步导致了不同地区学校之间的差异，甚至同一地区的学校也可能存在着差异性，这些差异主要体现在培养目标、师资构成、场地器材、教学条件和学生的体育基础上。因此，弹性体育教学俱乐部模式的构建，必须考虑到学校的差异，以增强体育课程对学校的适应性。

2. 教育理论基础

当今时代，世界各国课程改革的一个共同趋势就是谋求科学世界向生活世界回归，实现科学世界与生活世界的融合。当这种时代精神具体渗透到体育教育领域的时候，就意味着大学体育应把确立"主体教育观"作为改革的一个重要使命。"主体教育观"有两个基本内涵。首先，人是主体，教育应当尊重并提升人的主体性，培养具有主体性的人，人与人的关系是主体与主体之间的关系——交互主体的关系。教育中，教师和学生这两类主体通过交往形成共同体，教师与学生之间自然也是交互主体的关系。通过师生持续交往而培养具有主体性的人，这是教育的直接目的和内在价值。其次，教育要回归生活世界，回归了生活世界的教育在社会中具有主体地位。对此，弹性体育教学俱乐部模式应贯彻"主体教育观"理念，在课程设置、教学内容、教学模式及评价体系上体现"以人为本"，真正做到让学生成为学习的主人。

3. 课程政策基础

体育课教学应当遵循学生身心发展的规律，教学内容应当符合教学大纲的要求，符合学生年龄、性别特点和所在地区的地理、气候条件，体育课的教学形式应当灵活多样。学校要注意课程内容对促进学生健康发展的实效性，并注意与中学体育课程内容的衔接。在设计课程时要反映本学科的新进展、新成果；要以人为本，遵循大学生的身心发展规律和兴趣爱好，既要考虑主动适应学生个性发展的需要，也要考虑主动适应社会发展的需要，为学生所用，便于学生课外自学、自练；要弘扬中华民族传统体育，汲取世界优秀体育文化，体现时代性、发展性、民族性和中国特色。

（二）体育教学俱乐部弹性化的含义

体育教学俱乐部弹性化是当前课程发展的新趋势，它是多种因素交互作用、协调融合的结果，是复杂的体育教育现象，需要从多个向度揭示其丰富的内涵。

1. 体育教学俱乐部的发展向度

这是从宏观上对体育教学俱乐部弹性化做出整体性的分析。体育教学俱乐部弹性化作为体育课程发展的一种运动过程，从宏观上体现了体育教学俱乐部课程模式不断完善和发展的动态过程。

2. 体育教学俱乐部的项目向度

这是从体育课程编制具体项目向度对体育教学俱乐部弹性化做出局部性的分析。

（1）体育教学俱乐部管理弹性化。体育教学俱乐部管理弹性化打破了原有体育课程由学校统一统筹规划的单一管理模式，加强了体育教学俱乐部课程管理的灵活性，促进了体育教学俱乐部课程决策的民主性，积极推进体育教学俱乐部课程的多级管理体制。

（2）体育教学俱乐部目标弹性化。大学公共体育课程应充分考虑社会发展对人才需求的多样性、地区间经济文化的差异、不同学校的特点和学生的个体差异。这些差异也决定了体育教学俱乐部的课程不能对所有地区、所有学校和所有学生提出完全相同的目标，而应综合考虑地区、学校和学生的具体差异，提出弹性课程目标。

（3）体育教学俱乐部内容弹性化。在弹性体育教学俱乐部模式下，若条件允许，不同地区的学校可根据当地的经济水平、文化背景、教育状况来选择适合当地的体育教学俱乐部课程内容；不同模式、不同层次的学校可根据本校的办学目标、教学条件、师资情况、学生身体素质等，选择相应的课程内容；学生可根据自己的兴趣、爱好等，选择适合自己的课程内容。

（4）体育教学俱乐部实施弹性化。体育教学俱乐部实施弹性化在一定程度上可以理解为体育教学的弹性化，即教师结合自己的专项，依据学校办学方针、场地设施条件，针对学生的具体情况，针对性地选择教学内容，创造性地设计教学活动，灵活性地处理教学过程。

（5）体育教学俱乐部评价弹性化。体育教学俱乐部评价弹性化主要包括以下几点：一是评价主体多元化，即评价的主体不再局限于教师，学生也是评价的主体，如学生的自我评价和对他人的评价；二是评价内容多样化，即评价不再唯一指向学生运动技能的掌握情况，也指向体育教学俱乐部课程本身和教师的教学，还包括学生的出勤率、学习态度、学习能力等；三是评价方式多样化，如评价学生的体育成绩时，除掌握基本运动技能以外，学生完成自编动作、进行交流讨论等都可作为学习的评价方式。

3. 体育教学俱乐部的对象向度

体育教学俱乐部模式发展是一种对象性的实践活动，对不同体育课程对象而言，体育教学俱乐部弹性化的内涵也不同。

（1）地区。对地区而言，体育教学俱乐部弹性化是指各地区结合当地经济水平、文化背景、体育教育水平，选择具有地方特色的体育项目，形成与学校传统和文化相融合的体育教学特色。

（2）学校。对学校而言，体育教学俱乐部弹性化是指根据学校的办学方针、师资情况、体育场地设施情况等来制定学校的体育课程整体目标和阶段目标，充分利用学校的人、财、物等资源，开设尽可能多的运动项目，向学生展示出体育的丰富多彩和愉悦身心的魅力。

（3）教师。对教师而言，体育教学俱乐部弹性化在一定程度上等同于体育教师教学活动的创造性。如采取合分班授课、分层教学、分组教学或个别教授的形式，照顾学生体育学习的差异；根据学生体育学习水平的层次差异，安排不同程度的体育活动；对学生进行课外辅导，以增强学生体育学习的兴趣。

（4）学生。对学生而言，体育教学俱乐部弹性化是指学生根据自己的能力、需求、兴趣、爱好及已有的知识基础来选择不同的体育课程项目，以适应自身发展的需要。

（三）弹性体育教学俱乐部模式的发展思路

下面在对现状调查的基础上以及在现有体育教学俱乐部模式的成功经验上，以上述理论基础为依据，本着整体、系统、综合的设计原则，从管理机制、决策机制、教学机制和具体运作方式 4 个方面来发展与创新高校弹性体育教学俱乐部模式。

1. 弹性体育教学俱乐部模式的管理机制

弹性体育教学俱乐部模式意在建立一个体育活动具有一定伸缩性的管理制度。

（1）外部管理。制定管理制度涉及学校的方方面面，所以仅靠学校的体育部门是不能完全解决众多问题和矛盾的，需要学校各部门的共同支持与配合。学校应制定大学生体育教学俱乐部管理条例，并使其成为管理基础。在管理条例中要明确体育教学俱乐部的管理方针，加强学校对体育教学俱乐部的宏观管理，同时要寻求校团委、体育部（室）、大学生体育运动委员会、学生工作部等部门参与到体育教学俱乐部的管理中，形成齐抓共管的局面。

对于管理体制、规则制度相对健全完善的高校，要强化体育教学俱乐部的管理体制，让学生能够在俱乐部活动中得到锻炼和提高，真正实现"学生积极参与，学校尽力配合"的管理功能，在管理方面真正做到走"自我管理、自我发展、自主运作"的发展道路。对于发展相对落后的高校，还应加强学校的管理功能，因为现行体育教学俱乐部的运作起初主要由学校来推行。今后的体育教学俱乐部管理工作应该逐步交接给学生，让学生进行全方位的管理，这有利于学生适应能力、管理能力、组织能力的培养，促进学生综合素质的提高。

（2）内部管理。由于参加体育教学俱乐部的学生的身体素质及运动水平参差不齐，所以建立健全俱乐部内部的规章制度，加强内部管理是非常有必要的。但在具体的实施中不能完全依靠学校的管理，要具有一定的灵活性，真正让学生的主体作用在体育教学中得到发挥。但就目前而言，现在还没有一套健全、成熟的俱乐部模式教学的管理体制，也不宜照搬国外的管理模式，因为国外的俱乐部管理都是松散的，不符合我国的国情。各高校应按照自己对俱乐部的理解，结合学校的实际情况，制定适合自己的管理办法。各高校可以实施弹性管理，充分发挥教和学的积极性，提高教学质量。

体育教学俱乐部要建立有效的弹性内部管理机制，制定长期有效的管理制度，在规章制度规定的范围内进行俱乐部教学、运动训练和运动竞赛。要抓好俱乐部的内部管理，可从以下 3 方面着手。

①制定切实可行的弹性管理目标。体育教学俱乐部要制定管理目标，而这个目标是由管理者和会员共同制定的。俱乐部的管理目标要与本地区和本校的实际情况相符合，与学生的实际相符合。目标应具有实用性、可操作性和合理性，同时要具体化。例如，学生会员的出勤率应该达到多少。有的大学规定，学生必须参加体育俱乐部活动并达到 70％以上的出勤率，才能认定为体育课

合格。

②加强人力资源管理。体育教学俱乐部的参与者是学生，各种措施都是为了提高学生对体育的参与性，充分发挥学生的个性和才能，特别是发挥学生骨干作用，给学生一个展现自我和发挥的平台，以利于俱乐部的顺利开展。如在比赛中让学生担任裁判等。

③完善激励和约束机制。激励是为了培养人锐意进取，而约束则是为了培养人循规蹈矩。遵循以人为本的理念，引入竞争机制，制定科学的管理制度和措施，奖勤罚懒，奖优罚劣，可以调动学生学习的积极性。对于在不同级别的比赛中取得名次的学生，给予适当的奖励，如给予一定的物质奖励，或在课时等考核要求上适当放宽，只要达到学校规定的考核要求即可；对于参加校队训练的学生，也可放松对其必修课时的限制。例如，某一俱乐部的某位学生参加全国大学生运动会比赛，获得前六名的成绩，其体育课成绩的基数可为 90 分；而对于那些参加训练但没取得名次的，其体育课成绩的基数可为 75 分。但对于在俱乐部中表现极差的学生会员，要及时地给予批评和教育；对于屡教不改的学生会员，要给予相应的处分，并做好其思想工作。

2. 弹性体育教学俱乐部模式的决策机制

（1）经费筹集。俱乐部要正常运作，必须有一定的资金作为保障。学生是消费群体，因此不能让他们来承担俱乐部运作的所有费用。为实现教学俱乐部的正常运作，根据各地区高校开展情况，将弹性体育教学俱乐部经费筹集办法总结如下。

①政府拨款。依靠政府投资办学是我国体育教学俱乐部运作的最主要的方式。高校经费主要来源于国家财政收入，财政收入又与经济发展水平高度相关。因此国家和地区经济发展水平越高，就越有可能投入更多的教育经费。学校可积极寻求政府的支持，各级政府也可根据客观情况适当增加财政预算，加大对高校体育经费的投入力度。

②筹措体育发展基金。每年学生入学时会缴纳一定数量的资金（根据各高校实际情况而定，成立俱乐部发展基金），各俱乐部可利用这部分经费进行日常开支，当学生毕业离校时再将这部分资金如数地返还给学生。如新生入学时可每人缴纳 100 元的会费作为俱乐部的周转资金，毕业时俱乐部再退还给他们。如以平均每年招新生 5 000 名计算，4 年可收取活动周转资金 200 万元，除去学生大四毕业时退还的 50 万元本金外，可实际用于周转的资金为 150 万元。这样就大大减少了学校对体育方面的开支，同时又为俱乐部自身的发展提供了物质保障。

③争取社会赞助。在俱乐部运作过程中，鼓励各俱乐部自己外出寻求赞助

或参加各种比赛、表演，利用品牌效应使更多的企业投资于俱乐部的运营。同时，还可积极争取校办企业和校外企业的赞助。对于赞助及比赛奖励所获得的资金，一部分可以用于俱乐部的日常开支，另一部分可以上缴学校，成为发展基金。

④获取捐赠。捐赠主要是争取校友会、个人、公司和基金会等社会各界的支持。特别是校友捐赠，许多学校的毕业生会根据自己的财力情况慷慨解囊，及时回报母校，为学校的体育事业贡献自己的力量。高校体育俱乐部接受捐赠的形式应多样化，既可以是现金捐赠，也可以是实物捐赠。捐赠能够在一定程度上成为与政府投入并列的重要的经费来源，有效地缓解体育经费的紧张情况。

⑤充分利用学校的场馆、器材。在周末、体育节、体育周或寒暑假等期间，可以向社会开放学校的场馆和器材，积极开拓社会市场，收取的部分费用可用于对俱乐部的场馆、器材进行维修、建设。

⑥创办经济实体。体育教学俱乐部立足于学校，若发展较好可面向社会创办经济实体，开发体育产业。如为本校师生、员工提供体育器材、服装等。这样既能满足校内广大师生的需求，又能增加俱乐部收入。

⑦自我融资渠道。学校可合理利用体育场馆设施、体育师资力量等条件，积极兴办各类经营性健身娱乐俱乐部，承接企事业单位、社会团体的各种体育竞赛和文艺演出等活动，促进顾客市场的发展，提高自我融资能力，增加俱乐部收入。

（2）场地、器材。体育教学俱乐部模式是对场地、器材要求较高的一种课程模式，场地和器材的数量、规模和人均比例直接决定学生进行体育锻炼的情况。一些条件较好的学校，体育器材相对多而全；体育场馆、运动器材设备相对不健全的高校，在开展比较受学生欢迎的项目时，如形体、网球、羽毛球等，会因为场地、器材的不足，无法满足学生学习的需要，造成"僧多粥少"的局面，进而影响学生的体育兴趣及运动习惯的养成。

对于以上问题，应从以下方面着手。一是高校应从场地、器材的循环利用及可持续发展角度考虑，学校领导应多考虑场馆、器材建设的意义，尽可能多地新建场馆和购买器材，为体育教学俱乐部的顺利开展提供条件。二是学校应在现有条件基础上，结合自身的实际情况，因地制宜，加强对体育教学俱乐部场地、器材的建设和管理，挖掘潜力、合理安排利用，充分发挥场地、器材的作用。修建新场馆需要足够的资金和一定的时间，学校可以采用一馆多用、一场多用、一物多用等办法，尽力提高现有场馆的利用率，如篮球场可用作排球场、羽毛球场，栏架可以用来跨栏，也可以用作足球球门、钻越的障碍等。另外，在项目选择上，可以优先选择一些对场地要求不高的项目，如踢毽子只要有一块空地就可以了，羽毛球除有风季节以外在平地便可进行。

（3）教师队伍建设。体育教学俱乐部模式的弹性化，在一定程度上等同于教师教学的创造性。为了适应体育教学俱乐部的需要，必须有计划、有步骤地做好俱乐部教师的继续教育工作。体育教师要不断地进修学习，丰富自己的教学内容和教学模式，积极利用各种信息渠道，吸取新的知识、理论，学习与体育教学俱乐部有关的知识，以保证体育教学俱乐部在高校的顺利实施。为更好地完善俱乐部的教师队伍建设，体育部门可从以下几方面着手。

①加强教师对体育教学俱乐部的认识。高素质的教师队伍是高校实施体育教学俱乐部的重要保证。这支队伍不仅要对体育教学俱乐部有着深刻的认识与理解，还要有强烈的敬业精神和过硬的专业技术。经过调查发现，部分体育教师对体育教学俱乐部知之甚少，有些已开展的体育俱乐部在本质上仍是传统的体育课程模式，只是换了一个名称罢了，这显然阻碍了高校体育教学改革的进程。可以通过对体育教师的职后培训，增强他们对体育教学俱乐部的了解、认识，转变其教学思想和理念。可见，体育教学俱乐部对教师提出的要求越来越高，体育教师要一专多能，不仅要对自己最擅长的运动项目颇有研究，还要掌握两个以上的专项外项目，从而满足学校体育教学和学生课外体育锻炼的需要。

②完善师资配置。体育教学俱乐部在引进人才的过程中一定要注意数量和质量的有效结合，在年龄结构、职称结构、学位结构、专业结构等方面都要有较为合理的构成，使俱乐部的教师在数量和质量上能满足教学的需要、具备在体育教学俱乐部任教的资格。但从实际调查情况来看，教师的年龄、学历、职称、专业等都存在着不平衡。

因此，各高校应根据自己学校的实际情况，不断地完善体育师资配置，特别要重视对在职人员的考核，引入竞争机制，实行动态管理。同时，为满足学校各项体育工作的需要，体育教师的师资一般应形成梯次、互补、实用型的复合结构。

一方面，体育教师的数量要满足体育教学俱乐部课程教学的需要。体育教学俱乐部课程教学不仅是课堂教学，还包括学生的课外体育锻炼、运动训练和运动竞赛等，特别是业余训练要由专门从事该项活动的体育教练来担任。在课堂教学师资的配备上，一位高校体育教师上课课时一般以每周 12 节课左右为宜。在课外体育锻炼和运动竞赛的配备上，可充分利用体育课堂教学的教师资源，督促这些体育教师担任业余指导。

在运动训练教师的配备上，一般一个学校有 3～5 个训练队。在配备教练时，田径和游泳项目的教练通常在 4 人左右，其他项目的教练通常为 1～2 人。一个训练队每周训练 3～6 次，每次 2 个课时。按此计算，一个学校训练队的教练员配备应该在 6～10 人。按以上结果计算，在校学生 10 000 人，体育教师应该维持在 35～45 人。考虑到学校实际，若在编人员不那么充足的话，还可以外聘教师来满足体育教学和运动训练的需要。这部分外聘的教师可以是退休的专业教练、优秀运动员、外校的体育教师。

另一方面，体育教师的结构要满足体育教学俱乐部课程教学的需要。在年龄结构中，教师队伍中应有老、中、青人群，年龄呈梯队分布。青年教师可以凭借年轻、有闯劲，多做事、多实践；中老年教师凭借阅历丰富，可多向年轻教师传授教学经验，指导他们工作。在学历结构中，硕士及以上学历的体育教师数量应适当增多。在项目结构中，教师队伍应掌握多个体育项目，如传统体育项目（武术、篮球、排球、乒乓球、足球、田径等）、时尚体育项目（健美操、体育舞蹈、健身运动、网球、跆拳道、防身术等）、新兴体育项目（定向越野、户外运动、蹦极、攀岩等）。在知识结构中，可聘请毕业于不同院校的教师，使其知识结构互补。各个体育大学或体育学院，由于培养方向、课程设置、学习背景、教学模式各异，在知识结构上也有差异。同一学科来自不同院校的毕业生也能带来不同的信息，可以优势互补，各取所长，相得益彰。在职称结构中，教师队伍中应具有助教、讲师、副教授、教授等多种职称人才，并搭配合理。在性别结构上，教师队伍的性别比例应与上课学生性别比例基本相当。

③强化教师的职后教育。强化教师的职后教育，是快速提高师资队伍整体素质的有效途径。在实行体育教学俱乐部的过程中，应使教师不断地学习、进修，不断地提高教师的业务水平（包括课堂教学能力、组织活动能力、业余训练能力、科研能力等），逐步提高教师学历水平，从而提高俱乐部教师的整体水平，以更好地促进体育教学俱乐部的发展。对教师的培训工作，应从时间安排、资金扶持等方面给予实质性的帮助。同时，也应从制度上使教师在业务上求新求变，不断进取。体育教学俱乐部教师的职后教育的形式主要包括岗前培训、研究生学历补偿教育、高级研修班、高级研讨班、高级访问学者等。

体育教学俱乐部教师职后教育的方法。学校要健全教师继续教育制度，关于俱乐部教师职后教育的方法主要有 4 种。一是在职培训。可以通过参加各种俱乐部进修班、短训班，参加俱乐部岗前培训、助教班，参加高级研讨班、中青年学科带头人研修班，申请国内外高级访问学者等来实现。二是脱产进修培训。可以送教师到高校攻读硕士或博士学位，提高学历层次。三是加强对中青年教师的教学业务指导，以老带新，组织青年教师参加岗前培训和业务水平。四是个人自修学习。教师可在工作中选定体育科学研究方向进行定向研究，这是体育教师自修学习的一种方式。

此外，应加大对年轻教师的培训力度，努力挖掘年轻教师的教学与科研潜力。新教师进来后，应立即着手培养，指定富有经验的老教师帮助其尽快适应工作环境、熟悉工作特点、过好教学关，从备课能力、专项技能、授课技巧等方面予以培养。在有经验教师的带动和鼓励下，让年轻教师在不断发展的高校体育事业中积累经验，逐渐成长并成熟，使年轻教师在教学与科研上逐步起到主导作用。对于年轻教师做出的成绩要及时地给予肯定，实行鼓励政策。

3. 弹性体育教学俱乐部的教学机制

（1）指导思想。

①宏观指导思想。要遵循体育学科自身的特点和大学生身心发展规律，突出素质教育，以学生的健康发展为中心，以体育教学和群体活动为基础，全面推进学校学生体育工作。因此，体育教学俱乐部应确立全面育人、健康第一、终身体育和身心协调发展的指导思想，追求体育教育的综合性和终身性。

②具体指导思想。大学体育课程应包括体育课堂教学、课外体育活动和校园体育文化氛围3个部分，将大学体育教育延伸到高等教育的全过程，要将体育课堂教学显性课程与课外体育隐性课程作为整体来考虑。以体育教学俱乐部为中心和主线，鼓励学生参加体育活动，在体育实践中增强体质，掌握1~2项运动技能，体验运动的乐趣，培养自我锻炼的能力，养成锻炼的习惯，为终身体育打下良好的基础。

（2）目标体系。高校应结合自身的实际情况，确定体育教学俱乐部的基本目标和发展目标。弹性体育教学俱乐部的目标有"弹性区间"，这既是顾及地区间不同的经济水平、教育水平，不同学校在培养目标、师资力量和教学设备上的区别，以及学生在体育知识、技能、身体素质上存在的差异，也是考虑到期望目标与实际结果之间可能出现的差异。基本目标是根据大多数学生的基本要求确定的，反映了体育目标的强制性；发展目标则是针对部分学有所长和学有余力的学生确定的，体现了课程目标的自由度。

针对学生的基本目标具体表述如下。①运动参与目标。积极参与各种体育活动，每周2~3次，基本形成自觉锻炼的习惯和终身体育意识，能够编制可行的个人锻炼计划，具有一定的体育文化欣赏能力。②运动技能目标。熟练掌握1~2项健身运动的基本方法和技能，形成专项运动特长；能科学地进行体育锻炼，提高自己的运动能力；能简单处置常见的运动损伤。③身体健康目标。能简单测试和评价体质健康各项指标，掌握有效的锻炼方法，养成健康的习惯，合理选择营养食物，具有健康的体魄。④心理健康目标。自觉通过体育活动改善心理状况，形成健全的人格，养成积极乐观的生活态度，运用适宜的方法调节自己的情绪，体验运动的乐趣。⑤社会适应目标。表现出良好的体育道德和合作精神，具备适应各类竞争的能力以及适应自我身心变化的能力。

发展目标可作为大多数学生的努力目标，一般分为5个领域的目标。①运动参与目标。形成主动锻炼习惯，能独立制定适合自身的健身运动处方，具有较高的体育文化素养。②运动技能目标。科学主动地提高运动技术水平，在某个运动项目上达到或相当于国家等级运动员水平，能够进行该项运动的竞赛组织工作，能参加富有挑战性的野外活动。③身体健康目标。能选择适宜运动的环境，全面发展体能；能掌握评价自身健康状况的方法和手段，并能有针对性地进行自我监督。④心理健康目标。在具有挑战性的运动环境中表现出勇敢顽强的意志品质，掌握评价自我心理状况的方法和手段，并能进行有针对性的调整和养护。⑤社会适应目标。形成良好的行为习惯，主动关心他人；能够根据不同的环境变化及时地进行自我调整，以维护身心健康。

体育教学的最终目标为"教，是为了不教"。大学体育中无论是体育教学还是课外体育活动，学生都会经历从不能独立到逐步独立再到完全独立的过程。年级越高，学生独立进行体育活动的能力越强，而教师的作用则在慢慢地弱化。体育教学俱乐部的阶段目标应该包括近期目标和长远目标两个方面，即掌握运动技能，培养体育态度和习惯，强化终身体育意识。学生要完成"要我健身→我要健身→我会健身"过程的转变。

（3）教学大纲。教学大纲的弹性化是指，各实施体育教学俱乐部的普通高校在全国统一教学大纲的指导下，结合学校的培养方向、学生和学校的发展需求以及学校的具体条件和实际特点，如学校情况（校园文化背景、体育氛围等）、学生情况（包括学生的生源背景、不同学生的职业准备等）、体育教学条件（包括场地、设备、器材等物资环境）等，每个项目设置高级、中级、初级3个级别，编制每个级别的教学大纲。另外，还要充分认识高校体育与中学体育的衔接问题，为学生终身体育打基础这一实际需要等问题。

（4）教学内容。教学内容弹性化是指，不同地区可根据当地的经济水平、文化背景、教育状况选择适合当地的体育课程内容，不同模式、办学层次的学校可根据本校的办学方针、教学设备条件、师资情况、学生特点等建立适合本校发展的体育课程内容体系。可以在原来"三自主"的选课模式上，实行"适度弹性选授课"制度，即教师可以根据学生的实际需求，在不违背教学指导纲要原则的前提下，只要能完成规定的教学任务，只要场地、器材条件允许，就可以穿插安排一些学生喜闻乐见、乐于参与的趣味性活动，给教师和学生一定的选择和教授的自主权。

在今后的体育教学俱乐部中，体育教学内容应从"以运动技术为中心"向"以体育方法、体育动机、体育经验为中心"转移，建立围绕以人为本、淡化竞技、注重健身、增强体育意识、发展学生个性、培养体育能力、养成锻炼习惯为中心的新的内容体系。其具体的教学内容将根据社会的发展、学生个体的需要及学校的教学条件进行大幅调整，实现竞技运动教材化，改进非竞技运动项目，加强有关趣味性、娱乐性、健身性、健康性、集体性教材的比重，充实和丰富有关基础知识的教学内容。学校可多选择学生感兴趣的、有利于今后能自我进行锻炼的、对终身增强体质有实用价值的、易于开展的项目，如太极拳、长拳、健美操、体育舞蹈、羽毛球、乒乓球、篮球、排球、足球等。另外，课外除开设与课内教学有关的项目外，还可以选择一些休闲类、娱乐类的项目，作为课内体育的拓展，如定向越野、野外生存训练等。适当加大中华民族传统体育项目和学校传统体育的比重，以提高学生的体育文化素养，继承和弘扬中华优秀传统文化。

（5）教学组织形式。教学组织形式的弹性化在于，它能够根据学生的水平、差异等特点来安排体育教学。教学组织形式的合理运用，既有助于大幅提高教学质量，也有利于学生个性和情感的培养。

①打破年级班组问题。对于体育教学俱乐部的课堂教学组织形式，学术界争论不一，大部分学者比较倾向于分年级上课。不同年级的学生在身体、心理方面会有一定的差别，如果打破年级班组上课，教师安排教学内容和运用教学模式时会有一定的困难。另外，教师的能力和上课时间有限，教师不可能对每个学生的指导都面面俱到，对教学质量会造成一定程度的影响。不过不分年级进行教学也有很多的优越性，由于身体、心理和接受知识的能力不同，学习动作相对快一些的高年级同学，自然就会起到表率的作用，可以帮助低年级中学习动作相对较慢的学生，有利于教师培养体育骨干。当然，低年级同学为了弥补差距，也会努力提高自身素质，形成一种互帮互学的学习氛围。

②男女生合分班问题。关于男女生合班还是分班上课的问题，学术界仍在争论，各有各的说法。男女生合班与分班各有利弊。就合班而言，从社会学角度看还是利大于弊，使得体育教学更加人性化。不同的运动项目具有不同的特点，有些项目适宜采取男女合班上课，如体育舞蹈（本来就是男女搭配进行的项目）、野外生存等，通过男女生之间的交往，调动他们的主观能动性，再加上教师的合理组织与安排，教学效果比较明显。有些要考虑性别差异、体质强弱的项目，则应该采取男女分班上课，如球类项目、田径等。因此，采取合班上课还是分班上课，要根据各高校的实际情况和运动项目的

特点来实行。

③分层教学问题。由于遗传、家庭条件及社会环境等因素的影响，学生在发展过程中存在着不同的生理、心理及个体差异，这种差异性是客观存在的。分层教学意在引导学生选择适合本人特点的课程，进一步在体育课程中实现因材施教，进而提高课程的实际效果。

所谓分层教学是指，根据学生的认知能力和掌握能力，教师在安排课堂教学内容和运用教学手段、教学模式时，根据学生实际学习的可能性，分层讲授、分层指导、分层评价，使每个学生都能在原有的基础上得到完善和提高。这样可以使学生在不同层次中求发展，使全体学生都能在原有的基础上，充分发挥自己的潜能而达到最大的发展。

各高校体育教学俱乐部应根据自己的实际情况适时地采用分层教学。其具体操作可按以下方式进行。各体育教学俱乐部课程分为高级班、中级班、初级班3个层次。高级班目标高、要求高、内容多、进度快，这一层次主要针对有一定体育实践能力和身体素质好的学生；中级班目标适当、内容适中，这一层次主要针对有一定体育基础和身体素质较好的学生；初级班进度慢、重基础、多重复、常反馈，这一层次主要针对体育基础差的学生。每一级教学层次都有相应的教学大纲、教学要求和教师自己特定的课堂教学模式。在教学内容上，3个层次之间不应是相关知识的简单拼凑，而应是根据不同层次学生运动水平的要求，设计出不同层次的教学目标与要求。在具体实施的过程中可采用升降级制，如果学生在该层次上已经达到了要求，可随时到更高级别的俱乐部进行学习，但如果学生在该级别上学习越来越困难，则应将其退到低一级的层次上。这样教师在组织教学时，就可以从内容和要求水准方面有所区分，从而引导和激励学生在原有的水平上有更大程度的提高。

（6）评价体系。我国大多数高校受传统教学模式的影响，多注重在校期间学生的运动技术的掌握和达标情况，而忽视了学生体育锻炼习惯的养成和能力的培养；多注重课程的显性评价，而忽略了课程的隐性评价。原有的教学评价方法没有充分体现学生的努力程度和进步幅度等因素。因此，要想避免传统课程评价标准的弊端，就要针对不同地区、不同学校、不同评价对象的特殊情况，确立不同的发展目标和评价标准，使课程评价标准弹性化、成绩考评标准全面化，既要客观准确地体现学生的个体差异，又要客观准确地反映学生通过体育课学习所取得的进步。

在俱乐部的教学评价指标上，建议实行绝对评价指标和弹性评价指标相结合的评价方法。对学习效果进行绝对评价，要求标准要制定得比较客观，能够反映学习效果与客观标准直接的差距。弹性评价指标是指，以考试内容要求、标准为基点，根据学生的个体差异，就某个项目的起点等进行成绩进步幅度的评价。弹性评价指标能反映出学生的个体差异、个人的努力程度及进步状况。

在俱乐部教学的评价方法上，应该重视原有基础与学习过程，采用多维评价。建立标准评价模式和参照评价模式的评价指标体系进行多维评价，能够反映学生体育学习过程和结果。在掌握基本运动技能的基础上，适当增加学生出勤率、学习态度、学习能力及自评、同学互评等内容。各高校可根据本校的实际情况弹性地安排各个指标所占的比例。针对在高级俱乐部学习的学生，相当于校级代表队，还可以采用"以赛代教"考核模式。如以参加俱乐部联赛的形式进行考核，其成绩评分标准是俱乐部联赛成绩的50%。由于采用比赛的模式进行评价，所以实践部分就可以不进行技术考核，可采用学生自评、学生间互评各占20%和教师评价占30%的综合评价体系。

4. 弹性体育教学俱乐部模式具体运作方式

（1）弹性体育教学俱乐部模式的教学与辅导。

①项目设置。体育课程项目的设置应从学生身心特点出发，强调课程内容的多样性、弹性化和灵活性，加大教材选择的余地，加强体育教学内容与社会和生活的紧密联系。同时应注重体育课程内容的乡土化和民族化，地方性和民族性的体育项目在体育教学内容中应占有一定的比例。项目设置应根据学生对体育锻炼的需要编制，要力求贴近学生未来的职业生活，以适应社会发展的需要。其体系应从健身、娱乐休闲等角度加以考虑，多选择一些难度小、易开展、趣味性强、融健康娱乐休闲于一身的项目。大学体育理论课程的设置要与大学生心理特点、知识结构和智能发展相适应，应注重向学生传授人体科学、人体保健、康复知识、体育欣赏、体育心理、运动处方设计、运动锻炼效果的评价及运动医务监督等内容。在项目设置方面，各普通高校可根据本校的师资力量和场馆、器材的实际状况来进行弹性的安排。

②实践课上课形式。体育教学俱乐部是以学生自己练习为主、以教师指导为辅的教学形式，教师由原来的传授者变成了组织者和辅导者。教学的基本形式有：教师依据学期教学计划，根据学生的实际情况，制订以"教学模块"为单元的教学计划，灵活地实施教学进程。一般来说，学生除必须参加体育课的辅导学习外，每周还应至少参加俱乐部活动1～2次。在教学过程中教师应采取集中教学、分组教学以及个别辅导相结合的教学形式，并可采用以赛代练、以赛促练的方式进行，不断提高和巩固学生对该项目的兴趣，促进学生更好地掌握运动技术和技能，实现课内外一体化。教学的基本组织形式由各个学校根据本校的实际情况确定。

③理论课上课形式。在传统的理论课上课形式上，大学体育理论教学多采用"教师满堂讲，学生被动听"的课堂教授形式，这样就压抑了学生的学习热情，调动不了学生学习体育科学知识的积极性和主动性。因此，要重视体育理论教育，突出对学生终身受益的体育科学知识的传授和体育锻炼意识的培养，注重理论与实践相结合。建议开设与专项相关的讲座课，并在校园体育网页中开辟体育理论教学专栏，充分利用现代教学手段，实现体育网络教学。可在网站中设置各运动项目的技术、战术视频和高水平比赛视频，以利于学生根据爱好和需要选择收看，培养学生的体育欣赏能力和审美能力。同时，注重学生自学能力的提高，让学生通过查阅资料（报纸、杂志、网络、体育教材和参考书等）自学。通过对学生体育锻炼兴趣的培养，让他们积极主动地参加体育锻炼，提高学习效果。

（2）弹性化课外体育锻炼管理。将弹性管理这一管理方式运用到课外体育锻炼中去，使学生在统一要求下，有更多的空间进行选择和管理，更好地发挥课外体育锻炼的实效性。高校课外体育的开展就是满足学生对体育的多方面的需求，它是体育教学俱乐部的补充和延伸，是体育教学俱乐部的重要组成部分。但我国部分学校体育存在着课内外脱节、教与学分离的现象。通过对学生业余时间的调查，发现部分学生把太多的业余时间花在了上网娱乐、睡觉等事情上，很少把时间花费在体育锻炼上，体育意识十分淡薄。如何将学生们组织起来参与课外体育锻炼？经过查阅资料，结合我国各地区高校的实际情况，尝试性地就课外体育活动形式问题做如下探讨。

①课外体育活动开展方式。课外体育俱乐部是课堂教学的延续，要想真正提高体育教学质量和学生的身体素质，仅抓好课堂教学是远远不够的。根据体育课内外相结合的原则，组织课外体育活动开设与课内体育教学俱乐部相对应的各单项体育俱乐部，体育俱乐部教练必须由专职体育教师担任。除正常教学课外，还要抽出一定的时间对课外俱乐部进行弹性辅导（每周固定时间进行2～3次，由专项教师对俱乐部活动进行弹性辅导）。

②课外体育锻炼课程的内容。课外体育锻炼内容包括自主性锻炼、单项俱乐部、体育竞赛3个部分。在自主性锻炼中学生的选择空间极大，完全根据自身的现状来自主选择与调整进行课外体育锻炼的时间与活动内容；各单项俱乐部是体育课堂内容的延伸，根据学生课堂上所选的项目，课下通过选择相应的俱乐部来实现；体育竞赛可在不同时期安排各种体育竞赛活动。

（3）课外体育锻炼课程的评价。对学生参加课外体育锻炼课程的评价，是将学生参加课外体育活动的次数和活动的时间作为评价依据。学生可自主选择上述各种形式的活动，参加活动的形式不限，但次数可以累积计算，且每天只计算 1 次，每次需在 30 分钟以上。要求学生在有体育课的学期至少完成 36 次课外体育锻炼，在无体育课的学期至少完成 72 次课外体育锻炼，并将锻炼次数与体育学分的获得和学生评优、获奖等密切联系。另外，学生参加课外体育活动的自由是有一定限制的自由，即学生可以自主进行课外体育活动锻炼，但是必须保证一周内除体育教学外，参加俱乐部教学相关的课外体育俱乐部至少 1 次，每次不少于 60 分钟。参加课外体育活动的次数的限定是体育课成绩的一部分，为了有效控制学生的锻炼情况，可以采取锻炼卡的形式，学生在每次课外体育锻炼之前刷一次卡，在锻炼结束时再刷一次卡，卡上就会自动记录学生参加课外体育活动的日期和运动时间（30 分钟以内记录成绩为零，30 分钟以上才可以记录成绩）。学期末锻炼卡上交体育部，用计算机进行统计并计入体育课总成绩中。学生学期体育成绩因课外体育锻炼未达标而不合格者，该生可以在下一学期补上课外体育锻炼的时间，但补上的锻炼时间不计为该学期的体育成绩。对于下学期补的锻炼时间可适当地减少，也可以通过体育训练、竞赛来实现。如参加比赛，那么可以拿比赛前的训练来抵消课外锻炼的时间和次数限制。对于课外体育锻炼的方式还可以通过辅导员负责制来实现。在辅导员的带领与监督下，保证了锻炼次数，当然锻炼时间也会增多，学生锻炼的习惯也会慢慢地养成。这样就充分发挥了体育教学俱乐部的功能和作用，保证学生能够真正做到 4 年体育锻炼不断线。

第四节　多媒体网络体育教学模式在高校体育教学中的实践与创新

一、高校体育教学中多媒体技术的应用

（一）多媒体教学技术的特征

1. 多维性

多媒体教学技术的多维性特征主要指的是多媒体教学技术所拥有的对信息进行处理的扩展范围与扩大空间的能力，而此种多维性职能能够变换、加工、创作输入的信息，使其输出信息的表现能力得到增加、显示效果得到丰富。例如，在高校体育教学开展的过程中，利用多媒体系统进行辅助教学，不仅能够保证学生对文本知识的学习，还能使学生在多媒体技术的支持下清楚地观察、了解体育教师的动作演示，使教学效果得到加强。

2. 集成性

多媒体教学技术的集成性特征主要指的是多媒体技术能够将不同类别的多种媒体信息有机地进行同步组合，如声音、文字、图像等，进而促进多媒体信

息的完整性。此外，集成性还存在另外一层含义，指的是对这些多媒体信息进行处理的工具或者设备的集成，包含视频设备、储存系统、音响设备、计算机系统等。总而言之，集成性指的是在多种设备上将多种媒体紧密地进行关联，使文字、声音、图片与视频的处理实现一体化。

3. 交互性

多媒体教学技术的交互性特征主要指的是人和人之间、人和机器之间、机器和机器之间的交互活动，是人和机器进行对话的能力，即使用者同机器之间进行沟通的能力。这也是多媒体计算机系统不同于传统音响、电视机等家电设备的地方。根据实际的需要，人们不仅能够选择、控制、检索多媒体系统，还能够播放多媒体信息与组织编排多媒体节目。

4. 数字化

多媒体教学技术的数字化特征主要是指在多媒体计算机系统中，各种各样的媒体信息都是以数字的形式在计算机中存放与处理。多媒体技术是在数字化处理的前提下被建立的，例如，以矢量方式储存与处理的图形、以点阵方式储存与处理的图像、以数字编码方式储存与处理的音频和视频。在数字化技术发展的背景下，多媒体教学技术得到了广泛的传播与发展。

除了上述 4 种主要特征外，多媒体教学技术还有一些其他特征，如实时性、分布性与综合性等。所谓实时性特征，主要指的是对于同时间相关的声音与视频信号等的处理，还有人机的交互显示、操作与检索等都存在实时完成的要求。所谓分布性特征，主要指的是基于多媒体数据多样性的存在，在不同的时间与空间都会存在它的素材，并且在不同的领域中它也得到了广泛应用。多媒体计算机系统还存在比较明显的综合性，它不仅能够综合集成各种媒体设备，还能够综合集成各种信息，使它们成为整体。

（二）多媒体技术在高校体育教学中的应用优势

1. 多媒体技术使高校体育教学观念得到更新

高校体育教学的传统教学模式是以教师的"教"为中心，在高校体育教学中应用多媒体技术，能够使此种传统高校体育教学模式发生改变。体育教师在授课时，利用现代化的人机交互活动等多媒体技术与学生间开展交流活动，使学生的体育参与意识得到激发，将体育多媒体教学的教学思想进行展现，形成了以学生的"学"为中心的教学观念。这能够极大地促进高校体育教学方法的实践性与多样性变革，改变学生体育知识与体育技能的学习思路与方式。

2. 多媒体技术使高校体育教学的质量得到提高

在传统的体育理论课教学中，教师的教学方式是以讲授为主，以挂图等展示方式为辅；在实践课中则需要体育教师进行讲解与示范。但在主观条件与客观条件的约束下，很难做到完全规范、标准的技术动作示范，在较短的时间内学生也很难形成正确的动作概念，这样的教学效果可想而知。

多媒体技术的实施使得上述状况得到改变，在声音、文字与图像的辅助下，体育课程的抽象概念得以具体化、形象化，通过计算机还能够模拟演示难度较高的体育技术动作。在对速度较快、结构复杂的技术动作进行讲解与示范的过程中，取得的效果将会更加明显。在多媒体技术的支持下，通过慢动作使学生对这一系列动作进行清晰的感知，促进相关体育概念的形成与动作要领的掌握，方便学生进行模仿与尝试，使得高校体育教学的效率与效果得到极大提高。

3. 多媒体技术使学生的体育学习效果得到提高

多媒体技术能够使人的视觉、听觉等多种感官系统得到刺激，促进大脑不同功能区域交替活动的开展，促进体育学习内容生动化、形象化的发展，增强高校体育教学活动的趣味性与直观性，方便学生对体育技术动作的理解。多媒体技术对字体、色彩、图表、音乐和动画等多种表现手段进行了综合利用，实现了"声图并茂""有声有色"，使得高校体育教学内容的艺术表现力与强烈感染力得到增强、课堂氛围得到活跃。特别是多媒体教学资料中对肢体和谐美、力量美与技艺美的体现，使学生对体育的功效与个性的社会价值产生真正的认识，使学生的求知欲与体育学习的热情得到激发，进而使学生的体育学习兴趣与体育课堂教学的质量得到有效提高。

二、高校体育教学中微课的应用

（一）微课概述

1. 微课的概念

所谓微课，主要是指以视频的方式把教师在课堂内外教学活动开展过程中传授的教学内容或者强调的主要知识难点与重点进行展示的一种新型的教学模式。微课作为一种全新的教学模式，能够使学生的碎片化学习活动随时随地展开。

2. 微课的组成

对于微课而言，其组成内容的核心是示例片段，也就是课堂教学视频。不仅如此，也有同某个教学主题相对应的辅助性教学资源，如素材课件、教学设计、练习测试、教师点评、教学反思和学生反馈等。在一定的呈现方式和组织关系下，它们共同营造了资源单元应用的"小环境"。这里所说的资源单元具有的显著特征是主题式的半结构化单元资源，因此，微课同传统单一资源类型的教学资源之间是有一定差异的，主要表现在教学设计、教学课例、教学课件与教学反思等方面。同时，微课与这些教学资源之间也存在一定的联系，即微课作为一种新型的教学资源，其发展基础仍是这些教学资源。

3. 微课的特点

（1）碎片化。微课视频一般只有 10 分钟左右，在这 10 分钟内，教师将课程教学过程通过清晰的视频录制的方式呈现。一节传统课堂的教学时间是 45 分钟，而原有的段状课程在微课的形式下逐渐向点状课程转变，课程内容变得更加精练和细致，导致学生除了课堂的教学时间以外，还可以利用课外其他零散时间（如在排队等待就餐的时候）进行学习。所以，微课的显著特点之一就是碎片化。

（2）重点突出。微课碎片化的特点，对教师的教学能力也提出了更高的要求。因为在微课视频 10 分钟的展示时间内，教师不仅要将严谨的逻辑性进行体现，还要将课程内容的重点与亮点突显出来，真正抓住学习重点所在，这样才能够使学生的学习兴趣得到更好的激发。

（3）较强的师生交互性。作为一种新颖的教学形式，微课在满足学生知识渴求与猎奇心理的同时，还能够有效改善传统教学模式中教学内容单方面输出的情况。在微课教学过程中，教师与学生之间的互动得到加强，教师不仅能及时收集学生课程学习的兴趣点，同时，对于学生存在的疑问，也能够及时进行回答。这无疑会为教师后期课程的设计提供便利条件，使其能够同学生的学习与反馈实现同步，进一步提升课程的教学效果。

（4）教学资源能够反复多次使用。在微课模式下，学生能够按照自身的实际需要，随时随地展开体育学习活动，改善学习效果。例如，在课程开始之前，学生可以通过微课来预习运动技能，课后则可以巩固难点和重点、练习课上学习的动作等。此外，微课教学模式的使用还可以使学生课程学习的积极性得到增强。

（二）微课在高校体育教学中的应用

1. 应用在学生体育需求调研中

在制作体育微课前，教师应先按照课程逻辑将体育教学内容中的难点与重点提取出来，同时，结合现阶段体育栏目与体育热点新闻，对体育微课进行制作，之后将已经制作完毕的体育微课利用移动互联网的各种渠道在学校范围内广泛传播，然后通过对微课中学生的点击率与帖子评论内容的考察，评定体育课程内容的合理性，以保证体育教师更加深入地了解学生的兴趣与期待。此外，在前期对体育微课进行传播时，能够有效地调动学生体育学习的积极性，使学生更加期待即将要学习的新内容，进而提升学生的体育参与度。

2. 应用在体育课程设计中

体育微课不仅补充了传统的高校体育教学模式，使得原本的体育课程设计得到了重新定义，而且是多媒体时代下高校体育教学发展的必然结果。例如在设计室内理论课的时候，可以以教师和学生的交流为主，呈现出更加公平、更加自由的体育课程，并进一步更新体育教师的教学思维，使学生体育学习的热情得到提升。

3. 应用在体育课程教学中

一方面，体育教师可以根据新课内容和时事体育热点等，将设计新颖的新课导入微课，在课上给学生观看，目的是吸引学生的注意力，使学生的学习兴趣得到激发。另一方面，对于体育教学中复杂的教学动作，教师可将其制作成微课，在上课过程中让学生进行重复观看，使得体育教学过程更生动、更直观、更形象、更具体。

4. 应用在体育课后辅导中

传统的体育课堂教学的时间是 45 分钟，一堂课的时间虽然使教师能够面面俱到地讲授内容，但想要实现精细化教学几乎是不可能的，因此难免存在一部分学生不能与教学节奏同步或者是一部分学生不能对其所学运动技能充分掌握的情况。当体育课堂教学结束以后，教师可以将包含教学重点的微课视频向学生发放，以便于学生能够在课堂结束以后，对于已经学习的技术动作进行练习，对课堂上所学内容进行复习，切实保证温故知新，提升学生的学习效果。

5. 应用在体育课程分享中

从本质上讲，分享也是一种学习的方式。学生在朋友圈中分享一些好的视频课程，对身边的朋友、同学进行感染，使学习圈子得到扩大。对此，学校应该积极构建这种倡导分享精神的体育学习共同体，并保证学习共同体成员之间能够互相督促，对有用的体育学习信息进行分享。例如，将微课应用在体育舞蹈教学中，学生可以对已经学习到的且比较感兴趣的体育舞蹈课进行分享，使越来越多热爱体育舞蹈的学生能够及时地对学习资源进行获取、分享。同时，还可以组织校园内其他兴趣一致的学生，安排大家一起学习体育舞蹈微课。这不仅可以促进体育舞蹈社团的发展，还能丰富学生的课外生活。

三、高校体育教学中慕课的应用

（一）慕课概述

1. 慕课的概念

慕课是一种通过某一个共同的主题或者话题，将分布在世界各地的学习者与授课者联系在一起的教学模式。

慕课大多以话题研讨的方式进行，并且只会将一种大体的时间表提供给授课者与学习者。一般来讲，慕课课程不会对学习者有特殊的要求，进行说明的内容也比较简单。

2. 慕课的特点

（1）规模比较大。规模比较大是指慕课多是大规模课程，而不是以个人名义发布的一两门课程。

（2）开放的课程。开放的课程是指慕课开设的课程对上课的时间、地点和学习者没有要求，只要学习者具备网络和终端设备、遵守授课协议即可在线学习。

（3）网络课程。慕课相关的课程都是在互联网上传播的，不管学生处在什么地方，也不需要花费太多的金钱，只要有网络连接与终端设备，就能够进行学习。

（二）慕课在高校体育教学中的应用

1. 高校体育教学中慕课的应用价值分析

慕课自引入我国以来，已经经过了一段时间，有许多的学校开始了尝试，然而，慕课在高校体育教学方面的应用仍较少。实际上，慕课的教学方式在高校体育教学方面也是非常适用的。

首先，现代发达的网络使得慕课的应用有很好的现实基础。人们在浏览网络信息的同时还能进行学习，一举多得。

其次，在高校体育教学中应用慕课的教学方式，不仅能够保证学生深入学习活动的开展，还有利于学生自己掌握学习进度。同时，慕课中存在的学习资源是非常丰富的，有利于学生寻找到适宜自己的运动方式。

最后，在高校体育教学中应用慕课的方式，可以让学生在体育运动锻炼的过程中参考标准的动作完成体育锻炼。在这样的情况下，就像有一个专业的私人教练陪在自己身边，可以随时对体育锻炼活动进行正确的指导。

2. 慕课应用在高校体育教学中的未来发展

慕课的教学方式来源于国外，在我国仍处于起步阶段，而且有一些内容对于我国高校而言是不适用的，必须进行一定时间的磨合才能够同我国的教学理念相适应。

基于这样的现实情况，我国大部分高校按照自己学校的特点自行录制慕课视频。在录制慕课视频的时候，可以是多个学校的教师共同参与录制、讨论，在对多个优秀的视频进行选择后上传到网上，方便学生们进行观看、下载和学习。不同的教师在讲课的风格与方式上会存在不同，而录制的慕课中包含多个教师的教学课程，这样学生就能够选择最适合自己的教师。此外，这种方式可以避免大课参与人数过多而无法集中精力听课的情况。将慕课应用在高校体育教学中，能够使小班教学的目的得以实现。同时，同一学科由多个教师进行录制，能够加强比较与竞争的形成，能够帮助教师对于自己的教学缺点更加仔细地观察，使高校体育教学质量得到提高。因为慕课在高校体育教学中的应用主要以网上教学为主，所以监督制度是不存在的，这就要求学生拥有较强的自主学习能力。在高校体育教学考核的问题上，计算机考核的方式可以不再使用，体育教师组织学生开展网络学习以后，再安排传统方式的考试即可。

尽管我国对于慕课的应用还处于发展阶段，但在现代网络发展的背景下，慕课的应用将是一种必然趋势。将慕课应用在高校体育教学中，能够给教师未来教学的开展带来一定的启示。但需要注意的是，在使用慕课方式开展高校体育教学的时候，还应该同国内的高校体育教学情况相结合。

REFERENCES 参考文献

陈连华，2020. 现代高校体育教学及其模式创新［M］. 西安：陕西旅游出版社.

戴霞，谢戴西，2017. 高校体育"课内外一体化"课程模式的重构与应用［M］. 北京：北京体育大学出版社.

戴信吉，2016. 高校体育教学多种模式的探索［M］. 北京：中国原子能出版社.

邓翠莲，李东鹏，2020. 高校体育教学创新研究［M］. 北京：九州出版社.

谷茂恒，姜武成，2019. 高校体育教学评价体系的构建［M］. 北京：航空工业出版社.

关北光，毛加宁，2016. 体育教学设计［M］. 成都：西南交通大学出版社.

贺飞，2018. 多元教育理念下高校体育教学发展研究［M］. 长春：吉林大学出版社.

黄康，2018. 高校体育教学创新和管理创新［M］. 廷吉：延边大学出版社.

黄帅，常存强，李凌晨，2017. 现代体育教育多视角研究［M］. 北京：九州出版社.

霍军，2012. 创新教育理念下体育教学方法理论与实践研究［D］. 北京：北京体育大学.

李启迪，邵德伟，2014. 体育教学基本理论研究［M］. 北京：北京师范大学出版社.

刘伟，2019. 高校体育教育创新理念与实践教学研究［M］. 北京：九州出版社.

刘晓媛，2019. 高校体育教学模式创新性研究［M］. 长春：吉林人民出版社.

马顺江，2020. "互联网＋教育"背景下高校体育教学创新思路研究［M］. 沈阳：辽宁大学出版社.

毛振明，2017. 体育教学论［M］. 3 版. 北京：高等教育出版社.

宋海圣，赵庆彬，冯海涛，2015. 体育教学改革创新与发展研究［M］. 北京：中国水利水电出版社.

宋涛，2016. 高校体育教学新理念与实践探究［M］. 北京：光明日报出版社.

谭君，梁晓东，孟焕，2016. 现代高校体育教学理念创新研究［M］. 长春：东北师范大学出版社.

王崇喜，2014. 体育课程与教学改革研究［M］. 开封：河南大学出版社.

王华，2014. 体育教学与模式创新［M］. 北京：九州出版社.

王生有，赵启全，2017. 体育教学理论与实践创新研究［M］. 西安：西北工业大学出版社.

夏越，2019. 现代高校体育教学研究［M］. 北京：北京理工大学出版社.

杨枭，2016. 高校体育教学理论探索与实务研究［M］. 北京：中国社会科学出版社.

杨秀清，任静，于洪波，2019. 高校体育教学创新方法论［M］. 北京：中国石化出版社.

曾庆涛，2011. 我国体育教师评价体系研究［D］. 开封：河南大学.

张德荣，2019. 高校体育教学的多维模式与应用［M］. 延吉：延边大学出版社.

张娜，2016. 高校体育教学新理念与实践研究［M］. 长春：吉林大学出版社.

张亚平，2013. 学校体育教学与管理［M］. 北京：中国书籍出版社.

张振华，2016. 体育教育理论与方法［M］. 北京：北京师范大学出版社.

朱明江，2021. 新时代高校体育教学理论解析与模式创新研究［M］. 北京：中国水利水电
出版社.

图书在版编目（CIP）数据

体教融合视域下体育教学创新与实践研究 / 张高飞
著. -- 北京：中国农业出版社，2024. 6. -- ISBN 978-
7-109-32166-3

Ⅰ. G807.4

中国国家版本馆 CIP 数据核字第 20247JF247 号

中国农业出版社出版

地址：北京市朝阳区麦子店街 18 号楼
邮编：100125
责任编辑：张潇逸　边　疆
版式设计：王　晨　　责任校对：吴丽婷
印刷：北京中兴印刷有限公司
版次：2024 年 6 月第 1 版
印次：2024 年 6 月北京第 1 次印刷
发行：新华书店北京发行所
开本：720mm×960mm　1/16
印张：10.75
字数：200 千字
定价：88.00 元
